JN211320

ヒキコモリ漂流記 完全版

山田ルイ53世

角川文庫
21094

目次

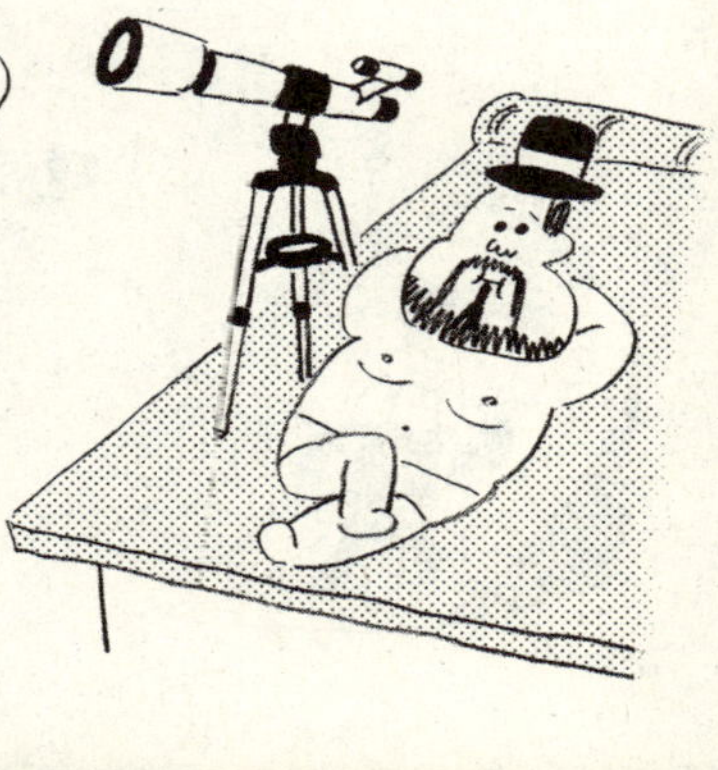

イラスト／小山　健
デザイン／須田杏菜

序章 引きこもりの朝

中学二年の夏

もしこれから「引きこもろう」と思っている人がいたらぜひ忠告しておきたい。

夏は、引きこもりを始めるのに適したシーズンとは言えない。もう少し頑張れそうなら、秋まで様子を見た方が断然良い。

なぜなら夏には、こちらの精神状態などお構いなく、それこそ否応《いやおう》なしに、楽しいイベントが盛り沢山だからである。

海に山に花火大会。キャンプにバーベキュー……枚挙にいとまがない。

男女関係の進展がのぞめそうな何かしらのキッカケも、充実の品揃え。

人類に繁殖期があるとすれば、それは夏だろう。そういう人間の動物的な部分、本能にダイレクトに訴えかけてくる「ワクワク」に事欠かない季節でもある。

そんな中、引きこもってしまった日には、自分以外の地球上の全ての人間が、人生を謳歌《おうか》し、楽しい思い出をどんどん増やしていくような錯覚に陥り、焦燥感に苛《さいな》まれることになる。

それは、味のなくなったガムを永遠にしがみ続けているような惨めな気分。なんとか「思い出の貯金」をやり繰りし「記憶の自転車操業」で、気を紛らわそうとしても無駄。

そもそも、十年ちょっとしか生きていない、ガキの思い出の蓄えなどすぐに底を突く。

ほどなく、焦り、不安、絶望、これらの負の感情が、それこそ毎秒押し寄せて来て、大変しんどい思いをすることになるのである。

とにかく、夏に始めるのは、冷やし中華だけでいい。


中学二年の夏休み。

競技場を埋めつくす大観衆からの拍手の煽《あお》りこそなかったが、六年間という引きこもりの大記録に向かって、まさに僕が「助走」を始めたころ。

と言っても、まさか自分が二十歳《はたち》まで引きこもるなんて思ってもみなかった。

そう、「あの事件」による心の傷は浅くはなかったが、それでも、この時はまだ、「登校拒否」とか、「学校自体をやめる」とか、そんな選択肢は僕の頭にはまったくなかった。

この夏休みが終われば、通学や勉強や部活で大変ではあるが、あの普通の毎日、「優秀な山田《やまだ》君」に「復帰」できる……そう思っていたのである。

結局のところ、「あの事件」は引き金に過ぎなかったのかもしれない。壊れたパソコンの画面のように、僕の人生が固まって動かなくなった原因は他にあったのである。

友達との経済的格差、それを埋めるための猛勉強、長距離通学の負担、睡眠不足。それらのことが積もりに積もって、ボディブローのように僕の心にダメージを与えていたのだろう。そして「ああいうこと」になった。

とにかく、「あの事件」が起こってから夏休みに入るまでの、数日か、数週間か、今となってはもう記憶も断片的で定かではないが、なんとかかんとか学校には通っていた……気がする。

一体どういう気持ちで電車に乗り、教室で過ごしていたのかは、分からないが、そもそもよほどの高熱でも出ないかぎり、学校を休むなんて発想は、自分の頭にも、我が家の、それはつまり、「父の」ということだが、その父の頭にもなかった。「学校を休む」、それはもうイコール「悪」であった。「あの事件」のことで気まずいとか、恥ずかしいとか、みっともないとかそんな僕の感情よりも、父の絶対のルールが勝っていたのだろう。

夏休み最終日、学校の宿題は大量に出ていたが、ふと気がつくと僕は一切手を付けていなかった。

毎日やろうやろうとは思っていた。ちゃんと自覚があった。

本来の自分は、夏休みの宿題なんてものは、休みが始まって一週間で終わらせるのを良しとする、そういう性格だった。なるべく先に先に、前倒しで終わらせてしまうタイプだった。

しかし、その時は何もしなかった。というより、何も出来なかったのである。

無駄な段取り

中学に入る少し前から、つまり、中学受験に臨んでいる最中から、僕はある種の儀式めいた「段取り」にこだわるようになっていた。

実際その「段取り」を守って、実行することで、中学受験の勉強もしっかりと集中して出来たし、結果として合格したのだから、それはそれで成功、正解だったと言っていいと思う。

しかし、この頃になると、その段取りが悪い方向に進化し、増大し、宿題とかテスト勉強などの、「本当にやらないと駄目なこと」に辿《たど》り着く前に、僕を疲れさせてしまう……そんなことがよく起こった。

例えば、勉強を始めようとする。

すると、その前に、部屋の掃除をキチッとしなければならない。そうしないと気が済まないからである。

まず掃除機をかける。ありとあらゆる埃《ほこり》やゴミ、自分の体毛の類《たぐい》、とにかく「すべて」を吸いとらなければならない。そうしないと、気になって勉強が手につかないので仕方がない。

まあしかし、これくらいは、「普通」の範疇《はんちゅう》だろう。お寺さんなんかでも、修行の一環として、清掃が行われる。いわゆる「作務」と言うヤツだが、あれと同じような発想だ。

勉強に臨む前に掃除をして、心穏やかにペンを走らせる。全然大丈夫だ。

次に、床や机、家具などを雑巾《ぞうきん》で拭《ふ》く。拭き掃除である。これも大丈夫。普通だ。

大きなものを拭き終わったら、今度は、目覚まし時計とか、そろばんとか水泳の大会で貰《もら》ったトロフィーとか、筆箱、さらにはその中の鉛筆、シャーペン、ものさし、コンパスなどの文房具……とにかく、ありとあらゆるものを拭く。拭かなければならない。

そうしないと、気が済まない。手につかない。集中できない……のだからしょうがない。大丈夫。

それが終わると、「自分」である。粘着テープがロール状になったヤツで、今度は自分自身を「コロコロ」する。得体のしれないホコリや毛とかそんなものが付着した、汚れた状態ではちゃんとした勉強はできない。

ズボンにシャツ、露出している腕をコロコロ、足をコロコロ、肩や頭をコロコロ、とにかく全身くまなくコロコロである。

大人になって、仕事で、例えば食品工場見学のロケなどがあると、厳しい衛生管理の観点から、徹底的に体のゴミをとらされる。

全身コロコロして、やっとロケを始めることができる。それと同じ理屈である。

当時の僕の部屋は、オペを行ったり、半導体も作ったりできるくらいの「クリーンルーム」と化していた。全然大丈夫……ではない。

何度も言うが、中学受験に向けて頑張っている時は、この「ルーティン」が上手《うま》く機能し、勉強に集中出来たし、結果合格することも出来た。この手法の持つ、何事もキチッキチッとこなしていく、その明瞭《めいりょう》さ、確かさを気にいっていた。

延々と書き続けても、自分の猟奇性をひけらかすだけになるので、後は手短に書く。

コロコロが終わると、机の上を整理整頓《せいとん》し、ノートや教科書の角をキッチリ揃える。

それが終われば、今度は「気合」を入れる作業だ。

両手で顔を覆って、大きな声で、「よしっ!!」と叫ぶ。はたから見れば、まったく

「よしっ‼」の光景ではない。

そして、「手の指の関節を10本全部ポキポキ鳴らす」、「ひざ、肘《ひじ》、くるぶしなんかの体の各関節を手の平でぐっと包むようにして触る」などの、他人から見れば全く意味をなさない「段取り」を完遂してやっと本題の「勉強」を始めることができる。

これらの「段取り」は、中学受験の時期から始まり、この中二の夏休みまでの間に、徐々にエスカレートしていった。本当に、最初は机の上の整理整頓くらいの話だったのだ。

一流のアスリート、例えば野球のイチロー選手などは、打席に入るまでのルーティンワークを大切にすることで知られている。

毎打席、手袋《てぶくろ》をここではめて、足はこっちからバッターボックスに入って、肩をちょこんと触って、バットを何回振ってと、すべて決まっている。そういうルーティンを大切にすることが、あれだけの偉大な選手になれた要因の一つに数えられる。

しかし、そんな自己管理、成功に必須《ひっす》の、「ルーティン」も多過ぎるといけない。

もうそれは、コントだ。

しかも僕の場合、それが、日に日に増えていくのだ。イチローも、ルーティンが十個も二十個もあったら、そもそも打席に立つ前に日が暮れてしまうだろう。

とにかく、宿題もせずに、ルーティンばっかりやっているというおかしな状況になっていた。

「ルーティンで大忙し」みたいなバカげた日々。

そのルーティンの数々を乗り越え、やっと本当の目的である勉強にたどりついても、まだ試練が待っている。試練と言っても、セルフサービス、つまりは、自業自得なのだが。

「筆圧」、字を書く時の力加減だが、これが異常に強くないと駄目になっていた。とてつもない強さで字を書かないと、ちゃんと勉強した気にならないのだ。勉強した気にならないということは、勉強してないということだ。そうしないと、やったことの成果、効果が自分で信用出来ないのだ。走り書きなど論外。実際、彫刻刀で木の板を彫る時くらいの力で書いていた。

おかげで、勉強を終えると手首には、捻挫《ねんざ》した時のようなほてりと痛みが生じていることもしばしばだった。

そんな力で字を書いていると、よくシャーペンの芯《しん》が折れ、どこかへと飛んでいく。

そうなるともう駄目。

その細かい小さなシャーペンの芯が発見されるまで、勉強は中断。気になって机に向かっている場合ではなくなる。

航空会社では整備士が工具を紛失すると、それが見つかるまで飛行機が出発出来ないそうだがそれと同じである。無くなった工具が、どこに紛れ込んでいて、どんな大事故につながるか分からないからだ。

カーペットの毛と毛の間をかき分けながら捜しているうちに日が暮れていく……なんてこともあった。

運よく、シャーペンの芯が見つかれば、勉強再開となる。

極めつけは、「定規で字を書く」。

漢字だろうが、ひらがなだろうが、カタカナだろうが、はたまたアルファベットだろうが、ありとあらゆる文字を定規を当てながら書く。そうしないと気が済まない。

まっすぐな線じゃないと駄目だという、抑えがたい衝動。これがまた時間がかかる。なにせ、一本一本の線を全部定規で書いていくのだから。

見た目も気味が悪い。数学の方程式や、「ジョンがナンシーと遊園地に行った」という何の害もない英文が、筆跡がバレないように苦心した、怪文書、脅迫文の類《たぐい》と化す。

「キチンとしないと駄目だ」という気持ちの、「最終形態」、「ラスボス」……成功のためのルーティンは、暴走し、いつの間にか化け物に変わっていた。

この時代の残り香として、大人になってから、ゲームなどやっていても、マップ上の壺《つぼ》や宝箱が気になって気になって、もう何度も確認済みなのに、目にしてしまったが最後、その全てをあけたり割ったりしないと気が済まなくなり、洞窟《どうくつ》のモンスターを倒すという村人との約束をほったらかしにして、ストーリーと関係なく、そちらの作業に血道をあげてしまう時がある。

結果、ゲーム自体がつまらなくなり、疲れ切って途中でやめてしまう。人生も同じである。

ともかく、もうハッキリ言って、完全に病んでいた。壊れていた。

バカげているのは自覚していたが、どうしてもやめられない、「ルーティン地獄」。

こんなことをしていたら、単純に、しんどい。

そういうわけで、僕は夏休み最終日になってもまったく宿題に手を付けていなかったのだ。

夏休みが明けた

そして、いよいよ新学期。学校に行かなければならない。

しかし先ほどから説明している通り、僕は何にもやっていなかった。より正確な語感で表現するなら、「な〜んにも」である。

両親はまさか、あの優秀な息子が、そんなことになっているとは露ほども知らない。そもそも「あの事件」のことも知らなかったはずだ。言ってないから当然だが。

中学受験はある日突然、ただの思いつきで僕が勝手にやると言いだし、勝手に勉強して、勝手に合格しただけのことだったし、入学後の学校での成績や生活態度もすこぶる良かった。そんなわけで親は安心しきっていたのである。僕のこと、その現状をまったく把握していなかった。

それが彼らにとっては仇《あだ》となった。もっと手のかかる子供なら、何かにつけ知る機会も多かっただろうに……。

その日の朝、僕はベッドから出られなくなっていた。前の晩から悶々《もんもん》と、どうしようかと考えていてほとんど寝ていなかった。

夏休みの宿題にはまったく手をつけていない。それでも、その時点でもまだ、「学校に行かない」という選択肢、考えは頭をよぎりもしなかった。

もしかしたら、このまま布団から出ずに寝ていれば、とりあえず今日は、今日一日だけは、何事もなく過ぎ去るのではないか……そんなありもしないメルヘンチックなことを考えながら、特に何もせず、ただただ、刻一刻と、本来なら起きて学校に行く準備をしなければならない時間が迫ってくるのを待っていた。

すると、いつもならすぐに階下に下りて来るはずの息子が、いないことに気付いたのか、父が二階の僕の部屋に声をかけに上がって来た。

「順三《じゅんぞう》！　そろそろ起きやー、時間やで！」

いたって普通のトーンの父の声。息子の異変には、まだまったく気付いてはいない。しかし、今ベッドで寝たふりをしている人間は、もはや夏休み前の従順な優等生ではなかった。


芋虫はさなぎになり、そして蝶《ちょう》となる。

さなぎの状態になると、虫はその体を、一旦《いったん》スープ状にまでドロドロに溶かし、そこからまったく違う新しい体をつくりあげる。

僕の場合は、その逆で、いわば蝶が芋虫に変わっていたというわけだが。以前の自分を自ら「蝶」と言うのも気が引けるが、もはやカフカの『変身』の世界である。

実際、その時の僕は「なんか俺、今、カフカっぽいな……」などと、チェコの文豪の作品と自分を重ね合わせ、その類似性に、意味不明の高揚感を覚え、さらにはこのたぬき寝入りになんらかの「正当性」があるのではないかと文豪の権威を悪用してそう思い込もうとしていた。

呼びかけに応じず、寝たふりを続ける僕に、

「順三！おい！順三！」

また父が声をかけて来る。少しトーンが変わってきているのが分かった。いつもなら従順にすぐ返事をする息子からの反応がない。彼の苛立《いらだ》ちが垣間《かいま》見えた。

「遅れるぞ！　はよ支度せー‼」

今度はもう、はっきりと怒っていた。高まる緊張感。夏休み前の僕なら、とっくに起きていただろう。だが今は違う。文豪も僕を応援してくれている。あんたは読んだこともないだろうが。寝たふり続行である。

そうはいっても、その緊張感に完全に耐えることはできなかったので、僕は中途半端なボリュームで、「う〜ん……」と寝ぼけた声を発した。これはボクシングでたとえるなら相手との距離を測る左のジャブである。

もはや、父の我慢の限界を試す、父とカフカのチキンレースの様相を呈して来た。

「おい！　起きろ！　電車間に合わんぞ！」

布団の上から、僕の体をゆさゆさ揺さぶってくる。

何度目かのゆさゆさで僕は、腹を決めて、

「今日は休む……行かへん……」と、布団の中から言ってみた。

反応はない。自分の声は布団の綿にすべて吸収されてしまって、父の耳には届かなかったのだろうか？

なんだ、どうした？　もしかしてこの牌《パイ》は「通し」なのか？　お正月によく家族で麻雀《マージャン》をやっていたが、「学校休む」はかなりの危険牌のはず。はっきりと父の意に背く旨を伝えたのだ。

しばらくの沈黙の後、

「ロ――――ン!!」いや、もとい、

「はよ起きろ――――!!」

という父の怒号。それと同時に、僕が寝ていた二段ベッドが、「ミシッ」と音を立てた。次の瞬間、脇腹にとてつもない衝撃を感じる。

「起きろ――ボケ――――!!」

父は叫びながら、二段ベッドの上に両手をかけ、体操選手よろしく、鉄棒の要領でぶらんと体を後方の宙に投げだし、勢いをつけて僕を蹴《け》ってきたのである。それはもうほとんど、プロレスのドロップキックだった。

「痛いな――――！　ダボ――――!!」

実際は、布団の上からだったので、そんなに痛くはなかったが、僕はあばら骨がすべて砕け散ったかのようなもだえ方をしながら叫んだ。リアクション芸人の素質があったのかもしれない。

僕は、父に最大限の罪悪感を持ってほしかった。息子に大怪我をさせたかも、とんでもないことをしてしまったかもと思わせたかったのだ。

昔から厳しい父だったとはいえ、実の息子に、しかも脆《もろ》い脇腹に力任せにドロップキックをかましてくるなんて思ってもみなかったし、何より、その我を忘れた衝動的な行動に、何か純粋で原始的な「憎しみ」のようなものを感じ取った僕は、腹も立てていたし、引いていたのだ。

大人になった今、冷静に考えれば、僕は、それまでまったく両親、特に父には反抗したことなどない優等生。親の機嫌をとるのも非常に上手《うま》かった。

それがある朝、何の予兆もなく、急に反抗しだした。父も正直どうしてよいか分からなかっただけなのだろう。

怒り方のバリエーション、引き出しが少なかったのである。これは、ある意味親に対する無茶ぶり。申し訳ないことをしたとつくづく思う。

しかし、当時の僕には、そんな殊勝な考えなど一切浮かばない。おまけに後述するように、ひねたものの考え方をしていたので、

「そもそも、これ、高熱出してて体調悪いとかってまず考えへんかね？　いきなり蹴って来てるけども！」とか、「にしても下手過ぎるわ……言葉でアカンかったら、二手目でそれ？　もう出してくる？　蹴りを？」などと思っていた。

『北風と太陽』という寓話《ぐうわ》がある。

旅人の上着を脱がすのに、北風がビュービューするより、太陽がじんわりゆっくりポカポカさせた方が有効……みたいな話である。

父は、小さな頃、税関の仕事で取り調べをする時のコツを自慢げに披露していた。その際に、この『北風と太陽』の寓話を好んで引用した。

もちろん、「太陽の方がいいんだよ！」という文脈でである。

その、太陽太陽とあれだけ言っていた男が、いきなりのドロップキック。

「あれは何やったんや⁉　あんた、めっちゃ北風やないか！」

これに関しては父が悪い。このことを教訓として僕は常々、娘に何か語りかける時、自分が実践できないことは口にすまいと心がけている。

その後、猟師がしとめた獲物のはらわたを引きずり出すように、無理矢理布団の中から引っぱり出され正座させられた僕は、ここで初めて正直に、夏休みの宿題を全くやっていないのでこのままでは学校に行けないこと、そして、まさに数十秒前、父のドロップキックを受けた瞬間、はっきりと自覚したこと、

「学校行くのがしんどい。もういやや」という気持ちをぶつけてみたのである。

堰《せき》を切ったようにすべてを話すと、意外にも気持ちが随分と楽になり、スッキリした。ただ、その分学校に行く気力は完全になくなっていた。

どこまで自分の考えが父に伝わったか分からなかったが、父は父で、もう役所に出

勤する時間が迫っていたので、そこはとりあえず一旦終わりとなった。

僕の部屋を出がけに、

「お前みたいな、親の言うこと聞かんやつは、もう知らんからな！」という、なんともありがたい言葉を残して。親から子への捨て台詞《ぜりふ》である。

第1章 神童の季節

姑息な朝顔のつる

小さな頃は、後々「引きこもり」になるなんて想像もつかないような、活発でやんちゃな子供で、よく度が過ぎたいたずらをやらかしては、親が先生に呼び出されたりしていた。

誕生日が四月で、いわゆる遅生まれだったからだろうが、小学校低学年くらいまでは、図体《ずうたい》もでかい方で、同級生の間でも一目置かれる存在。恐れられるというよりは、頼られる感じで、僕も悪い気はしていなかったから、何かにつけて、他の子の面倒をみたりしていた。

幼稚園の時なんかも、トイレに行けない子がいると、手を引いて連れて行ってあげたり、落とし物を一緒に捜してあげたり、泣いている子がいると職員室に人を呼びに走ったり……そういう兄貴的振る舞いを先生も見ていたようで、ある時、「級長」に任命された。級長は、先生から渡された、サクランボの形をしたボンボンを胸元につける。大人からの信頼の証《あか》しである。

夏休みに入る少し前、みんなで朝顔の種をまいた。園児一人に一鉢、朝顔を育てさせる。自分の朝顔は責任を持って世話をしなければならない。僕も、皆と同じように、キチンと水をやり世話をした。にもかかわらず、僕の朝顔だけ大きくならなかった。

他の子の朝顔は順調に大きく育っていく。

ふたばが出て、本葉が出て、気が早いのは、つるが伸び始めているものさえあった。なのに、僕の朝顔は、小さな小さな「ふたば」が出たのを最後に、それ以上まったく大きくならなかった。

そうこうするうちに夏休みに入った。何日かある登園日の度に様子を見てみるのだが、僕の朝顔の上にだけ時間が流れていないのか何の変化もない。僕に落ち度はなかったはずだ。それなのに、現実にこれだけの差が出ている。

単純に種の当たり外れだろうが、

(なぜ、自分だけがこんな目に……)

人生とはなんて理不尽なんだ。これを解決するには、もう実力行使しかない。

追いつめられた僕は幼稚園に忍び込んだ。

朝顔は、各教室のベランダにズラッと並べられている。

教室とベランダは大きな「掃き出し窓」で隔てられている。夏休み中なので、そのガラス戸はもちろん、教室のドアも何もかも、すべて施錠されていた。つまり正規の侵入ルートはない。

僕のクラス、「バラ組」の教室は二階にあった。しかし、都合良く、バラ組のベランダすれすれに大きな木が生えており、それをよじ登って、ベランダに飛び移れることを僕は1年前から知っていた。

無事ベランダに降り立ち、周りをうかがうと、相も変わらず、貧相な「ふたば」止まりの姿で僕の朝顔がそこにあった。

せめて、枯れてなくなってしまえばせいせいするのだが、空気も読まずに、ふたばのまま青々としている。まったくもって忌々しいヤツだ。

「僕は元々こういう種類ですけど?」といわんばかりに、開き直った様子の僕のふたば。隣の鉢には、土に挿された三本の支柱に、しっかりとのびた〝ツル〟を絡ませた素晴らしい朝顔がある。

他の子のものと比べても、それが一番大きく育っているように見えた。

僕は、そのNo.1朝顔を慎重に引き抜いて自分の鉢に植え、貧相なふたばを身がわりに隣の鉢に植え替えた。

それからしばらくして、また登園日がやって来た。久しぶりに会った友達と、夏休み中の出来事を報告し合う。

それらが一段落して、子供達が落ち着くのを見計らい、先生がお話がありますと言って、みんなを集めた。その先生は若い女の人で、幼稚園に勤め始めてまだ日の浅い新人ではあったが、とても熱心な方だと親達の評判は良かった。

そんな彼女の傍《かたわら》で、女の子が一人泣いている。

僕にはすぐに分かった。この泣いている女の子は、先日、僕が勝手に行った朝顔のトレード、その相手に違いない。しかし、自分が手を染めたあの悪事がばれたとまでは、毛ほども思っていなかった。女の子の頭に優しく手を置きながら、体育座りをした子供達を前に、先生が話し始める。

「○○ちゃんの朝顔が、突然小さくなってしまいました……皆さん、どう思いますか？」

えっ？　小さくなった？　どういうこと？

ざわざわと戸惑う周りの子供達を、慎重に目の端で観察しつつ、自分だけが浮かないように、リアクションの温度調節をしながら、僕は、「えらいストレートに聞いて来たな！」などと思っていた。我ながら、姑息《こそく》なガキである。

ふと先生を見ると、

「バチーン！」という衝突音が聞こえたかと錯覚するくらい、しっかりと目が合い、先生と僕の視線は、ギッチギチの固結びにされた。

再び先生が、「皆さん、どう思いますか？」と呼びかけた。

勘違いではない。「皆さん」と言いながら、彼女は僕のことしか見ていなかった。ロックオンされている。ばれた。それでも往生際の悪い僕は、「なんでそんな不思議なことが起こったのかな？　っていうか、〇〇ちゃんかわいそうだねー!?」的な表情を浮かべ、しらばっくれていた。

すると先生、今度は、「山田君は、どう思いますか？」

包囲網が狭まっていく。

周りの子供達は、おそらく、「サクランボの級長さんだから、先生は山田君に聞いているんだ」なんて思っていたに違いない。

答えに窮して、「キョトーン」の芝居をいまだ続ける僕に、

「山田君の朝顔は、急に大きくなりました……どう思いますか？」

その若い女の先生は、一縷《いちる》の望みを託して、そう質問したのだろう。次の瞬間、始まる感動のシーン。

子供らしく、泣きながらすべてを白状する山田君。それを、寛大な心で許し、何か子供達のその後の人生に影響を与え、心に刻み込まれるようなメッセージを述べるわたし。改心し謝る山田君。他の子供達からの拍手。めでたしめでたし……しかし、現実は違う。

子供は嘘をつく。特にこの姑息なガキは。現実の世界では、大人の方が単純かつ、

メルヘンチックであり、子供の方が複雑でリアリストなのだ。

先生の目は語っていた。

「お願い!!　山田君、お願いだから、自分から言って。先生をガッカリさせないで。先生、信じてるよ……お願い！」

先生の目をまっすぐに見つめながら僕は答えた。

「分かりません」

急速に、先生の目から光が失われていくのが分かった。花火を途中でバケツの水に「ジュッ!!」とつけたかのように。

情熱を持って幼稚園の先生になり、つい先程まで、子供達に注がれていた、熱く優しい眼差《まなざ》し。それが、キンキンに冷えたガラス玉のような目になってしまった。そもそも、たまの登園日にしかやって来ない子供達の朝顔が、枯れもせず、順調に育っていたのはなぜか。先生が世話をしていたからに他ならない。若くて、情熱溢《あふ》れる彼女は、毎日のように自主的に幼稚園に来て、朝顔の世話をし、観察し、こまめに記録まで付けていたのだ。

そしてある日、一人の園児の朝顔が急激に巨大化する一方で、別の園児の朝顔は、時間を巻き戻したかのように小さくなっているのを目撃する。

今まで、自然界で確認されたことのない、学会でも報告されていないであろう超自然現象が、自分の職場で起こったのだ。

さぞ、驚いたことだろう。

もちろんそれは、世紀の科学的大発見にではなく、純真無垢《むく》だと信じていた子供のえげつない発想と手口にだ。

結局、その場では、それ以上の追及はなかった。が、その後すぐに職員室に呼び出される。ガラス玉の目で無言でしばらく僕を見つめたあと、先生は、僕の胸のサクランボをむしりとった。母に糸でしっかり縫いつけてもらっていたので、僕の体は先生の方へとグラッともっていかれたが、彼女はまったく意に介さなかった。「ブチーン‼」という派手な音がした。

「分かるよね？　山田君にこれを付ける資格はありません‼」

姑息なヤツは失敗する。

産地偽装の詩

小学校二年生の時。

国語の宿題で書いた「詩」が、地元新聞に取り上げられた。それは、「小さな目」という欄で、「子供ならではのまっすぐな目線で紡がれた文章や詩を紹介する」というのがその趣旨だったと思う。

地方紙とはいえ、僕の住んでいた町では、大体、どの家庭でも取っている新聞だったので、自分の子供の作品が載って、親も随分と鼻が高かったようである。その証拠に、息子の詩が掲載された新聞を、綺麗《きれい》に切り抜き、ご丁寧に白い厚紙の台紙に貼って、さらには、わざわざ額まで買ってきて、家の玄関に飾っていた。

「何をそんなに大袈裟《おおげさ》に⁉」と思われるだろうが、僕の住んでいた「平凡な地方の街＝田舎」において、新聞に載るというのは、それほどの大手柄だったのである。学校では、朝礼の時に、教頭先生に名指しで褒められたし、近所のおばちゃん達からも、「順君（僕のこと）はほんまえらい子やねー！　うちの○○にも読ませたわー‼」などと大いにちやほやされた。

詩の内容から、皆が僕に、「兄弟想いの心の綺麗な少年」との印象を受けたようだった。しかし、事実はその逆。全ては計算ずくだったのである。

第一に、僕は知っていた。

というのも、家が近所でよく遊んでもらっていた上級生のお兄さんから、「この時期に出る国語の詩の宿題は、新聞社に送られて、出来の良い作品は掲載される」という情報を入手していた。そして何より、件《くだん》の詩の宿題を出した時の先生が醸し出しているわずかなニュアンスが気になっていた。締め切りの厳守であるとか、書式、文字数の制限であるとか、いつになく、くどくどと説明をしているのだが、そこに、ただならぬ雰囲気……そう、なにかしらの「コンペ感」がプンプン漂っていたのである。

先生は随分「大根」だったようだ。

とにかく、それを敏感に嗅《か》ぎ取った僕は、

「これは、いつもの宿題ではない」

そう確信し、全力で「獲《と》り」に行ったのである。

それにしても、なぜ小学校二年生の自分がそんなにも新聞に載りたかったのか？　たまたま何かで目にした新聞記事に、アンモナイトか恐竜の歯か忘れたが、何かその手の「化石」を発見した少年の話が載っていたのだ。自分と同じような年齢の小学生が、新聞に載っている。そしてそれを周りの大人が手放しで褒めている。羨《うらや》ましかったのである。

本来なら、自分と変わらない年齢の子供が、独学で恐竜や化石のことを勉強し、それを発掘するに至った、その情熱の方に刺激されるべきなのに、「新聞に載った」という部分にのみ感化されてしまったのである。

すべてを知った上で考えた。

「どのようなテーマが大人ウケするのだろう？」「どんなワードを使えば小学生っぽ

く見えるだろう？」

「っぽく」もなにも正真正銘の小学生である。

書いては消し、書いては消しを繰り返した。

「駄目だ駄目だ……大人達は少し足りない感じを好むはずだ……言い過ぎちゃ駄目だ！」「もっと、子供らしい舌っ足らずな感じを出すんだ!!」

そんな、およそ子供らしからぬいやらしい計算の下に出来上がった詩が新聞に載った。

親も、学校の先生も、新聞社の大人達も、そして、もちろん、それを読んだ人達も先述の通り、

「この作者の子は、とっても優しい子なんだなー!!」などと思ったことだろう。

しかし、大人達が舌鼓を打って召し上がった、「天然物の子供らしさ」は、その実、偽物の、意図的につくられた養殖物だったのである。

「産地偽装」である。

やらしい悪癖

「産地偽装」で作られた、そんな詩がこちら。

『ぼくのランドセル』
ぼくのランドセルはおにいちゃんのおふるだ
おにいちゃんがつかったからペッタンコだ
ぼくもだいじにつかって
おとうとにあげる

実にいやらしい。特に、平仮名の意図的な多用は、胸焼けがしそうだ。

当時、大人向けの本も大量に読んでいたので、小学二年生にして「薔薇《ばら》」も「醤油《しょうゆ》」も漢字で書くことができた。もちろん、「僕」「兄」「古」「使」「大事」なんて漢字はとっくに習得済みである。書けるのに書かない。勝てるのに負ける。

ただ、ひとつ言っておきたいのは、実際、僕が使っていたランドセルは、兄のお下がりだった。そこに嘘はない。元々は黒いピカピカのランドセルだったはずなのに、全体的に色落ちして灰色になっていた。あちこち傷だらけで、おそらく、何度も座布団代わりにでもしたのだろう、型崩れが激しく、ペッタンコになっていた。一体、どんな荒々しい使い方をすれば、これほどの「風格」をランドセルごときが纏《まと》えるのか。それほどにボロボロだった。

当然、本当はそんなボロボロのランドセルが嫌だった。それを背負って学校に行くのが、恥ずかしくて仕方がなかった。

小学校入学時、他の皆は、ふっくらとして、ボリューム感のある「焼き立て食パン一斤」のような綺麗なランドセルを背負って登校する。文字通り、ピカピカの一年生だ。なのに自分のそれは、「カビの生えた八枚切り食パン一枚」くらいの感じだった。実際ちょっと生えていた。おかげで僕は、小一にして、「さすらいの小学生」と表現してもしっくりくるくらいの、あたかも数々の修羅場をくぐりぬけ壮絶な武者修行を経てきたような、凄味《すごみ》を漂わせていた。

本心では、

「なんで自分だけ、こんなランドセルなんだ？」

と不満タラタラだったのに、褒められたい欲にかられて書いた偽りの詩（うた）。最近親に聞いたところ、さすがに僕のランドセルが、ボロボロで汚すぎると気になっていて、そろそろちゃんとしたのを買ってあげようとなっていたらしいのだが、詩を読んで感動し、子供の気持ちを尊重して買うのをやめたと言っていた。

結局僕は、小学校の六年間、そのボロランドセルを背負う羽目になる。

ちなみに五歳年下の弟は、新しいランドセルを買って貰《もら》っていた。

策士策に溺《おぼ》れる……教訓である。

謎の見せ本

我が家は、別に由緒ある家柄でも名家でも、地元の有力者でも、資産家でもなんでもなかった。父はただの平凡な公務員である。なのに、妙にお堅い家で、何年もの間、「くだらない、馬鹿になる」という、それこそくだらない、馬鹿な理由で、我が家にはテレビがなかった。

僕が小学校高学年の頃にようやくテレビが家にやってきたのだが、それでも観て良い番組は時代劇かNHKだけで、いわゆる民放のバラエティー番組とかは禁じられていた。刑務所みたいな方針の家である。

テレビは見させてもらえなかったが、本……というより、書籍といった方がニュアンス的には近いヤツが大量に揃えられていた。スタンダールの『赤と黒』とか、ドストエフスキーの『罪と罰』とか、ゲーテの『ファウスト』とか、ハードカバーの古典作品がところ狭しと本棚に並んでいた。

子供の頃《ころ》から不思議に思っていたことがある。それは、そういう上から目線の賢そうな本が大量にあったにもかかわらず、家族の誰かが読んでいるのを見たことがなかったということだ。おそらく、実際誰も読んでいなかったのだと思う。その証拠に、僕が手にとって本を開こうとすると、長い間、あるいは一度も読まれていない本特有の、「ペリペリペリペリ」という小さな小さな音がした。長期間紙と紙が密着していたため、半ば一体化してしまったページとページが、再び引き裂かれる時の悲鳴。

どうやら僕しか読んでいなかったようである。

そんな本がなぜ我が家にあったのか？　見栄《みえ》を張っていたのか？　だとすれば何の、誰に対する見栄なのか？　すべては謎のままである。

漫画本も禁止。ただ、歴史物、偉人伝系の漫画は許されるという、暗黙の了解というか、抜け道があった。なので、小学生の僕は、自転車に乗って電車で駅四つ程離れた街にある図書館に通い、他の子供達が『少年ジャンプ』や『なかよし』なんかの漫画雑誌を読むのと同じテンションで、「徳川家康《とくがわいえやす》」や「野口英世《のぐちひでよ》」や「ヘレン・ケラー」等々、ありとあらゆる歴史物、偉人伝の漫画を読んだ。だから今でも、無駄に「偉人」に詳しい。

親が意図的にそうしていたのか、それは定かではないが、世間で普通に流行《はや》っている情報や物質から完全に隔離されていた。ほとんど出家したような状態で暮らしていたのである。

当時、流行っていた、ゲーム&ウオッチや、ファミコン、キン肉マン消しゴム……とにかく、ありとあらゆる娯楽が我が家にはなかった。

ライラライ♪

父には自分の趣味に躊躇《ちゅうちょ》なく子供を付き合わせるところがあった。

キャッチボールが好きで、僕が小学校3年生くらいまでは、何かというと相手をさせられた。

近所の公園、日曜日の小学校のグラウンド、我が家から自転車で小一時間ほどの神社の境内、家の前を通る道路……とにかくありとあらゆる場所でキャッチボールをした。

一見、良い父親である。しかし、おかしなことに、毎回、僕は座っていた。キャッチャー役ばかりさせられていたのである。

通常、父と子のキャッチボールと言えば、〝ボール〟のやりとりより、〝会話〟のそれが重視されるもの。

しかし、我が家では違った。ただ黙々とやる。

父は小学校低学年の子供に、大きく振りかぶって、ビュンビュン球を放り込んでくる。手加減は一切ない。本気も本気である。

別に、若かりし頃、高校野球で惜しい所まで行ったとか、当時、役所の草野球チームに入っていて、週末大事な試合があるとか、そんな伏線も全くない。

ただただ、本気。厄介である。

一度のキャッチボールで、百球近く投げ込むことも珍しくなかった。

メジャーリーガーなら契約違反だが、父は一介の公務員……肩の消耗を心配する必要などない。

最初におかしいなと思ったのは、友達とキャッチボールをしているとき、他の子達が持っているグローブを見た時である。

彼らのグローブは野手用で、〝シュッ〟としたフォルムなのに対し、僕のは閉じるとたらこ唇のようになる、もっさりとしたキャッチャーミット。

しかも、かなり使い込まれたボロボロの代物で、何箇所か、本来〝結んである〟ような部分も解《ほど》けていたし、何より恐ろしいのが〝綿〟が抜かれていた。

丁度、ボールを受け止める部分、一番インパクトが強い個所《かしょ》がひじょうに薄かったのである。

どうも父の球を僕が受けた時、いい音がするように細工してあったらしい。

ほとんど、素手で球を受けているような状態。痛かったが、僕も父とのキャッチボールは嫌いではなかった。

そんな少年が、野球に興味を持つのは自然な流れ。

ところが小学校高学年になり、部活を始める際、

「野球部に入りたい!!」

と両親に申し出ると、あっさり駄目だと言い渡された。

野球は用具が多くて、お金が掛かるし、休みの度に親が駆り出され、色々邪魔くさいというのがその理由だった。

だったら、なぜあんなにキャッチボールをしたのか。あれだけ、野球に子供の興味を〝誘導〟しておいて、急に「梯子《はしご》を外す」とはどういう事なのか?

これまた今でも、謎である。

父は、音楽も好きだった。

特に、クラッシック。

ドボルザークやベートーベン、チャイコフスキー等々、オーケストラが演奏したレコードを沢山持っていて、休みの日になると大事そうにとりだし、プレイヤーにセットして、そーっと針を落として聴いていた。

たまに付き合わされたが、普通の小学生の子供は、クラッシックなんかに興味はない。

さらにそういうオーケストラの演奏もののレコードは、基本的に〝長尺〟なので、

その時間は苦痛以外の何ものでもなかった。

僕は当時から、父はクラシックが好きなのではなく、クラシックを好きな自分が好きなんだと思っていたので、そういう時は大概、

「はいはい、分かったから……高尚な趣味持ってんのはもう分かってるから」

などと心の中で毒づいていた。

寝る前には必ず父がチョイスした音楽を「子守唄《うた》」と称して聴かされていた。

洋楽も好きだった父の選曲で、一番良く聴かされたのが、サビの部分が「ライラライ、ライライライラライライー♪」という歌詞のヤツで、こう言っちゃ悪いが、とても陰気な曲だった。

健やかな睡眠を考えるのであれば、お得意のクラッシックの方がまだ効果的だろうと思うのだが、何故か寝る時は必ずこの「ライラライ♪」を聴かされた。

毎晩、英語で意味も分からない、陰気な曲をBGMに眠る……一種の洗脳である。

しかし、父はお構いなしである。

当時の僕が、かなりのストレスを感じていた証拠に、関連こそ証明できないが、ほぼ毎晩悪夢を見た。寝言も凄《すご》かったらしい。

さらには、数カ月に一回、夜中に飛び起き、二階の自分の部屋から階下に下りて、玄関まで走って行き、ドアを開け、裸足《はだし》で外に飛び出し、そこではじめて自分が真っ

暗な屋外にいるのに気がついて、大いにビビり、またダッシュで自分の部屋に戻るという奇行も披露していた。

あのままいっていたら、早晩、ブリッジで階段をバタバタと下りる羽目になっただろう。

とにかく当時、「ライラライ♪」が、父のお気に入りのナンバーだった。

大人になって調べてみたら、「ライラライ♪」は、「サイモン&ガーファンクル」の「ボクサー」と言う有名な歌だった。

歌詞の内容を、はしょってザックリ記す。

「夢見て、都会に出て来た1人の男が、現実に打ちのめされ、なんの希望もなく、彼女すらいなくて、しかしどんどん年だけ食って行く……それでも〝生活のため〟にリングに上がり、殴り合いをしないと駄目だ……もう嫌だ!! 故郷に帰りたいよー!!」

恐怖で震えあがった。

「故郷に帰りたいよー」はさて置き、概《おおむ》ね、自分の、〝現状〟そのままである。

たとえ、バイリンガルでもなく、歌詞も理解出来ない子供だとしても、その脳や脊《せき》髄《ずい》に、歌い手の魂はしっかりとすみずみまで沁《し》み渡っていたのか。

「パブロフの犬」の〝条件反射〟さながら、〝負け〟を目の前にすると涎《よだれ》を垂らしてそちらを無意識に選んでしまう、「負け犬反射」の神経回路が構築されてしまったに違いない。

　あんな歌を子供に毎晩聴かせていたら、科学的根拠はないが、少なくとも、他の児童より一発屋になる確率は格段に跳ね上がりそうである。

　妙に合点がいき、怖くなった。

　笑えない。

　この呪いを解くには、「能天気で何のメッセージもないお気楽ソング」を向こう十年間は聴き続けないと駄目だろう。

　誰の曲とは言わないが、それはそれでまた拷問である。

頑固で、厳格な父

　父は、神戸《こうべ》税関の職員。役人だった。たまに家に帰ってこない夜があり、翌朝、疲れた様子で帰宅した父に、

「昨日、なんで帰らへんかったん？」と尋ねると、

「張り込みや」なんて答える。

　税関職員も、港で不審な船舶などの張り込みをするそうな。

「刑事みたいで格好良いなー」と思った。

張り込み以外にも、船に乗り込んで行って、不審な物がないか捜索することもあったらしく、晩ご飯の時なんかに、武勇伝を話してくれた。

そういう話の中には、「ロシア人船員と格闘の末投げ飛ばした」みたいな威勢の良いエピソードもあり、小学生の僕は、「おとん、かっこえ～な～！」と素直に尊敬したものだが、中学生の時分、一度父と取っ組み合いの喧嘩《けんか》になった時、その気持ちは消えた。中学生相手にあれだけてこずる人間が屈強なロシア人を投げ飛ばせるはずがない。おそらく、大分盛っていたに違いない。とはいえ、家族にとっては頑固で、厳格な父であることに変わりはなかった。

そういう、税関職員としての、仕事道具のひとつだと思うのだが、我が家には、「伸び縮みする指し棒の先端に、角度が自在に変えられる鏡が付いた器具」があった。

もし仕事道具じゃなかったのなら、あんなものが何故家にあったのか……聞くのも怖い。

おそらく、本来は、税関の仕事で、外国の船舶に立入検査をする際《さい》、その棒付き鏡で、何かの裏側とか、何かの下とか、何かの上とか、とにかく何か怪しい物を隠していないか探すための物だったのだと思う。

が、我が家においてはもっぱら、兄や僕が隠し持った漫画本や、奇跡的に入手できたちょっとエッチな本などを「捜索」するという、しょうもない用途に使われていたようだ。

　学校が終わって帰宅し、自分の部屋に行くと、隠していたはずの漫画本や、エッチな本が、勉強机に「ドンッ」とこれ見よがしに置いてある。どれだけ巧妙に隠しても、数日もすればその場所からは消え、自分の机の上に出現するのだ。

　天井裏に隠しても駄目、カーペットの下に忍び込ましても駄目、雨で濡《ぬ》れても大丈夫なようビニール袋に入れ、家の外、例えば屋根の上に貼り付けておいても駄目、とにかく、ありとあらゆる方法を試したが、必ず発見され、僕の机の上に帰ってくる。

　伝書鳩並みの帰巣本能がエロ本にあるわけはないのだから、父の税関職員としての「捜す能力」を褒めるしかない。ロシア人を投げとばせなくてもさぞかし「腕っこき」の職員だったに違いない。

　ある日、僕は父の書斎を物色していた。

　特に何か入り用で、捜し物をしていたわけでもない。明確な目的はなかった。僕はただ、「人の部屋を物色する」という浅ましい行為に興奮し、魅了されていた。勝手に子供の部屋を物色するような親の背中を見て育つと子供もそうなる。

「物色のＤＮＡ」はここに受け継がれていた。

父の仕事机があった。なんとなく……本当になんとなくなのだ。その机の一番下の引き出しの、奥の方を探っていると、VHSのビデオテープが出て来た。ビデオテープという代物の存在は、学校でも理科の授業なんかで使われていたので知っていたが、我が家には、それを再生するビデオデッキもなければ、そもそもテレビ自体がない。

いったい何のビデオかなと、おもむろにそのテープの背中を眺める。

父の名誉のためにも詳細は避けるが、タイトルを見て、僕は愕然《がくぜん》とした。とにかく、ものすごく、トリッキーな内容を示唆するフレーズが白いシールの上に油性フェルトペンで書かれていた。僕が見たことのない漢字もふんだんに使われていた。父の字だった。

それは、人生で初めてお目にかかった「AV」だった。

最初、「これはきっと、お父さんの税関の仕事のヤツだ。押収物とかいうヤツじゃないか?」と思った。思いたかった。よく考えれば、そんな「証拠品」を自宅に持ち帰るのもおかしな話なのだが。そもそも何の証拠だ。

だが、子供とはけなげなもの。心が、厳格な父のイメージを反射的に守ろうとしたのだろう。それが崩れるということは、それに従って生きてきた自分をも否定することになる。

「例のロシア人船員からとりあげた物かも」

そんな風にも考えてみた。

大体、これをどうやって見るというのだ。何度も言うが、我が家にはそもそもビデオデッキもなければテレビもないのだ。よって、父がこれを鑑賞しようと思って所持しているわけがないじゃないか……必死で考えを巡らし、自分の中で何か大事なものが崩壊しそうになるその瀬戸際で、なんとか踏みとどまった。

その週末、我が家に新品のテレビとビデオデッキが届いた。

あれだけ、子供に教育上の観点からテレビを禁止していた父が、結局ＡＶ見たさにテレビ、及び周辺機器までまとめて揃えたのだ。ただ、そのことで、父を軽蔑《けいべつ》するような気持ちにはならなかった。

むしろ、ここまでいとも簡単にあの父親の心を溶かすＡＶなるものに尊敬の念を抱いた。おかげで我が家にも人様並みにテレビやビデオがやって来たのだ。ＡＶには感謝である。自分でも意外だったが、今まで頑固で厳格で恐ろしいだけの存在だった父が、実は同じ人間なんだと思えてどこかホッとしていた。

玉虫色のスーツ

父親のスーツが変だった。

一張羅というヤツだが、とにかく独特のセンスで嫌だった。少し光沢のある素材で、見たことのない緑色のスーツ。それを「ここぞ！」という時に着るのである。また本人は格好良いと思っているので、たちが悪い。僕は、めちゃくちゃ恥ずかしかった。

小学校の時、たまたま仕事の休みが合ったのか、参観日に父がやって来た。もちろん、例のスーツで身を包んでいる。それを見たクラスの連中が、

「玉虫や！　玉虫がおる！」と騒ぎだした。

当時、丁度、社会の授業で、聖徳太子《しょうとくたいし》の時代をやっていて、「玉虫厨子《たまむしのずし》」のことを習ったばっかりだった。国宝である。

「玉虫」というのは、金属光沢のある綺麗《きれい》な緑色をした「昆虫」。うすく虹色《にじいろ》の縦縞《たてじま》が入った美しい羽の持ち主である。そんな綺麗な虫の羽で装飾された「玉虫厨子」、さすが国宝。子供たちの玉虫に対する覚えはめでたかった。

実際、その日の父は、スーツのせいで玉虫から進化した人類のようだった。

「玉虫や！　玉虫のおっさんや！」

いかに誉れ高き国宝の装飾の、主たる部分を担っているとはいえ、自分の親がクラスの友達に「虫」呼ばわりされて、いじられるのはキツイものがあった。その日は、その玉虫のおっさんが見守る中、算数の授業を受け、玉虫と一緒に帰った。

何の運命の導きなのか、僕は後に、実際に玉虫を捕まえたことがある。

今現在に至るまで、少なくとも僕の周りでは、玉虫を捕まえた経験を持つ人間に会ったことがない。当時の僕の小学校の友達にも、捕まえたことがある子はいなかった。珍しい昆虫だったのだと思う。

もしかすると、父のあのスーツを普段から見慣れていたため、僕の目は、玉虫の独特の緑色に対して、他の人間よりピントが合いやすくなっていたのかも知れない。

とにかく、珍しい昆虫を捕まえた子供なら、誰でもそうすると思うが、僕もご多分に漏れず、学校に持って行って、皆に見せびらかしたくなった。しかし、タイミング悪く、父が「玉虫のおっさん」呼ばわりされて間もない時期。今、この「玉虫」を見せびらかせば、父のスーツのことを皆が思い出し、あの「いじり」を蒸し返される恐れが大きい。

なにしろ、僕自身、危うく「玉虫」というあだ名にされかけたのだ。今は危険を冒せない。その時は、なんとか思い止《とど》まり、学校に持っていくことはしなかった。

しばらく虫カゴに入れて、家で飼っていた。飼い方が悪かったのか、元々飼えるような虫ではなかったのか、しばらくすると玉虫は死んだ。

「玉虫のおっさん」事件のほとぼりが冷めたころ、せめて標本として学校に持って行き、先生に褒められようと思いついた僕は、死んだ玉虫をティッシュに包み、ポケットに突っ込んで学校に行った。

迂闊《うかつ》だった。死んで、乾燥し、一切の水分を失った状態の玉虫は、ポケットの中で潰《つぶ》れ、粉末状になり、ティッシュを開いたときには、漢方薬のようになっていた。時代劇で江戸《えど》のお医者さんが紙の上にサラサラっと載せているあれだ。実際、漢方的効能があったかもしれない。知らんけど。

それでも諦《あきら》めきれなかった僕は、その粉末を元は「玉虫」だと先生や友達に必死で説明したが、誰も信じなかった。

すべてはあの変な緑のスーツのせいである。

人生の頂点

小学校六年生になった。学校の成績は良かった。通信簿は、一科目、確か図工か家庭科が「四」で、他の科目は大体いつも「五」だった。

部活は、サッカー部で、入部した当初から、ずっとレギュラー。なかなか才能もあったようで、小学校三年生か四年生の時にサッカーを始めたのだが、入部初日にリフティングが百回以上できた。

人望もあったのか、選挙で児童会長にも選ばれ、バレンタインデーには女子から沢山チョコレートを貰《もら》った。

小学校六年生にして、早くも人生の頂点、「黄金期」を迎えていた。今思えば人生の「ペース配分」を間違えた。マラソン選手なら完全に調整ミス。オリンピックの半年前に体調のピークを持ってきてしまった……そんな感じだ。とはいえ、当時はしょせん目先のことしか考えられないただの子供である。この栄華が未来永劫《えいごう》続くと思って毎日を過ごしていた。

そんなある日、まだ夏というには少し早い時期だった。休み時間、教室の隅で一人机に向かっている少年がいた。

休み時間の小学生と言えば、我先にと外に飛び出していくもの。ドッジボールや手打ち野球、ドロケンなどなど、運動場で思い思いの遊びをするためだ。

僕の知っている限り、休み時間に机にとどまって、わざわざ勉強をするような奇特な子供は、見たことがなかった。

それが、細野《ほその》君だった。我ながら嫌な人間だったと思う。

というのも、先程から書いてきたように、六年生、齢《よわい》十二で人生のピークを迎えた（と思っていた）僕は、クラスの中、もっと言えば、学校全体で考えてもかなり目立った存在で、恥ずかしげもなくはっきり言えば、リーダー的存在だった。正直、学校中、一年生から六年生まで、ほとんど全員が僕のことを知っていたと思う。生来自意識過剰な性格な上、そういう状況がさらに僕をおかしくしていたのだろう。

僕は当時、他人を「主役」と「脇役」に分けて考える癖があった。当然、自分は主役である。

他にも、足がすこぶる速いヤツとか、僕と同じくらい勉強ができるヤツとか、面白くて人気のあるヤツとか、そういう一芸に秀でた人間は、「準主役」とカテゴライズしていた。

よって、その他の「脇役」の子たちとは、ほとんど喋《しゃべ》ったことも、遊んだこともなく、同じクラスに居ながら、その存在が完全に僕の意識の「死角」に入っている人間もいたのだ。

そして細野君は、「脇役」ですらない、「エキストラ」的な非常に影の薄い存在だったのである。

何の気紛れだったのか、自分でも分からない。とにかく僕は、「エキストラ」の彼に近寄って何故か声をかけた。

「何してんの？　遊ばへんの？」

「うん……ちょっと、宿題せなアカンから」

この瞬間まで、ほとんどまともに話したこともなかった二人である。会話もぎこちない。少し戸惑った表情を浮かべながら、それでも細野君は愛想よく笑顔で答えてくれた。その様子を見て、勘違いしている馬鹿なガキ、つまり僕は、

「なるほど。突然、学校のリーダー的存在、主役の自分に声を掛けられたから、緊張してるのかな!?」

などと、出所不明の優越感に浸っていた。

知らないというのは、本当に滑稽《こっけい》なことで、おそらく彼の方こそ、僕のことなど眼中になかったのだと今なら分かる。

あの時の細野君は、中学受験対策用のレベルの高い問題集に時間を惜しんで取り組んでいる最中に、喋ったこともない調子に乗ったクラスメイトに絡まれて、

「邪魔くさいな……」とでも思っていたに違いない。

カピバラと中学受験

僕は、友達はみんな地元の公立中学に進学するものだと思っていたし、それが当たり前のことだと思っていた。そもそも、「中学を受験する」という発想がなかったし、そういう私立の学校の存在さえ知らなかった。

また、学校の通信簿より上のレベルの「勉学の世界」があることも、そんな高みに向かって、同じ年のクラスメイトが猛勉強しているなんてことも、何もかもが想像もつかないことだった。

とにかく、僕は急にそわそわしだし、何やら膀胱《ぼうこう》が刺激され、おしっこが漏れそうな感覚に襲われた。要するに焦ったのである。

「へー……何の宿題？　明日《あした》の算数のヤッ!?」

表向きは平静を装って探りを入れる。

覗《のぞ》き込んでみると、それはハードカバーの立派な赤い表紙の本で、見たこともない難しそうな問題がいっぱい載っていた。辛うじて算数の問題集であることは分かったが、小学校で使っている、ペラペラの「計算ドリル」などとはまったく違った雰囲気を醸し出している。

楽しい動物のイラストで、子供に媚《こ》びを売る様な気配は微塵《みじん》も無い。文字と数式と図形だけ。設問の口調も「しなさい」、「求めよ」と上から目線で、毅然《きぜん》としている。そのすべてが僕には格好良く思えた。

そう、僕の家になぜかズラッと並んでいた、例の『罪と罰』とか『ファウスト』だとか、彼らの仲間の匂いがした。

細野君自身の手によるものだろう、蛍光ペンで線が引っ張ってあったり、細かく何か書き込みがしてあったり、相当使い込まれている様子が見てとれた。

ちなみに、その本に載っている問題は、僕には一問たりとも解けなかった。

(何なんだこれは？　この世界は!!)

とてつもない衝撃に襲われていた。何にも知らないで、細野君に偉そうにしていたのが死ぬほど恥ずかしかった。

彼はほのぼの系の動物、「カピバラ」に似ていて、いわゆる「癒《い》やし系」ではあるが、決して男前とかではない。よって、女子にもてるとかでもない。そもそも小六の女子は癒やしを求めるほど人生に疲れてもいない。喧嘩《けんか》が強いわけでもないし、面白いことも言わない。足が速いわけでもない。数分前まで僕の中では、「エキストラ」だった細野君。しかし彼はこの赤いハードカバーの問題集と対等に渡り合える男なのである。

彼のランキングは急上昇し、僕はこの時点で、尊敬の念さえ抱き始めていた。ついさっきまで、自分が勝手に見下されていたとも知らずに、気のいい細野君は僕が質問するままにいろいろ教えてくれた。

来年、中学受験をするということ。そのために小学校四年生からずっと「日能研」という進学塾に通って勉強してきたこと。第一志望は「甲陽《こうよう》学院中学校」というところで、その他にも、「奈良学園中学校」も受験するということ……。

今までの価値観がグラグラと揺さぶられ、自分が酷《ひど》くつまらない人間に思えた。

正直、初めて聞くことばかりで、何を言っているのか完全には理解できなかったが、僕は「中学受験って格好いい‼」……そう思った。

たったそれだけの理由で、僕は中学受験をすることに決めたのである。

しょうもない塾

その日は学校が終わるとすぐに家に帰った。普段なら友達と遊んでから帰宅するのだが、一刻も早く中学受験の話を親にして、細野君と同じ土俵に上がりたかったのである。

家に帰るとすぐに僕の「決意」を両親に伝えた。

まあ、決意といっても、「友達が受験するから」「何となく格好いいから」という、ペラペラの理由である。それでは到底許してもらえないと考えた僕は、別のストーリーを用意しておいた。

実はかなり前から中学受験を考えていたとか、でもお金がかかりそうなので、迷惑をかけたくなかったから一度は諦《あきら》めたのだとか……あることないことならいざ知らず、ないことばかりをつらつらと喋った。

すると、拍子抜けするほどあっさりとお許しが出た。

親にしてみれば、子供の方から勝手に勉強すると言ってきているわけだし、さらに既に6年生の夏を迎えようかという時期だったので、もう勉強が間に合うはずがない。

時間的に無理だろう。ならば、私立につきものの「入学金」や「授業料」の心配もない……そんな計算も働いたのだと思う。

何より普段からの僕の振る舞いが功を奏した。他の兄弟が、習い事をしたり服や物を買って貰《もら》ったりしている時も、修行僧の如き物欲のなさを見せ、「よい子の仮面」を完璧《かんぺき》なまでに被《かぶ》っていたおかげでこれは、「人生初めてのおねだり」と言っても過言ではなかったのである。

とにかく、親の許可も得て、晴れて中学受験をすることになったのだが、あの僕が憧《あこが》れた、赤いハードカバーでお馴《な》染《じ》み、「細野君の問題集」で勉強できる、日能研には入れなかった。

父に、中学受験をするからには、小学校の勉強だけでは無理だ。塾に行かないと駄目だ。それも、日能研というところでないと、お話にならない。それこそ必死で頼んだ。

父は僕の話を黙って聞いていた。否定も肯定もしない。

こういう時の親の沈黙は、子供にとってとてつもない恐怖である。

僕があたかも広告塔のように日能研の名を連呼するので、「なんで、そんなに日能研日能研ゆーてくるの?」というような怪訝《けげん》な表情を一瞬覗かせはしたものの、すぐにそれも消えた。

それまで僕は、塾というものには行ったことがなかった。

そういうところは、学校の成績の悪い、勉強のできない子が、親に無理矢理行かされる矯正施設のようなものだと思っていた。

そういう意味では、親に「月謝」などの金銭的な負担を掛けたことがなかったわけで、ケチな僕の親も、さすがに今回は希望通り、日能研に入れてくれるだろうと高をくくっていた。

父は一言、「任せとけ！」と言った。

甘かった。数日後、僕が通う塾が決まったと、父に連れられて行ったのは、当時、子供の僕が感じたままに書かせてもらうなら、なんとも「しょうもない塾」だった。

その塾は、僕の家から歩いて十分くらいのところ、普通の住宅街の中にあった。

これまで何度も前を通ったことがあったがそれが塾だとはまったく気がつかなかった。

正直、歩いていて、最初の角を曲がったくらいのところで、父と歩くこの道の先に日能研は用意されていないと早々に勘付いてはいた。しかし、その「塾」は、僕が下げたハードルのさらにその下をくぐってきたのである。

ごくごく普通の建て売り住宅、その一階部分の一部屋が教室になっている。

男の先生が一人。陰気な感じの人で、何年も外に出たことがないのか、真っ白な肌をしており、痩《や》せていて、常に病み上がりのような気だるい雰囲気を漂わせていた。実に頼りない印象である。

生徒は僕を含めて二人。多分、同学年くらいの男の子。その子は、「中学受験」をするわけでもなく、当然ながら、受験生特有の「ピリピリ感」もまったくなかった。しばらくして分かったが、彼は、放課後この塾というか、この家に来て、学校で出された普通の宿題を先生に見てもらっていたようだ。先生の親戚《しんせき》の子だったのかもしれない。

その子の使っていた教材には、動物や博士のキャラクターのイラストがふんだんにちりばめられていた。

とにかく、「受験戦争」「中学受験」、そんな「戦い」とはまったく縁のない空間であった。

「これは、マズイ……落ちたな」と、初日で僕は絶望した。

しかし、父の決定は我が家では絶対である。不満を漏らし、口答えでもしようものなら、拳骨《げんこつ》を食らい、「ここが気にくわんのならもういい！」とすべてを白紙に戻されるだろう。それを一番恐れていた僕は黙っていた。

この塾に通うしかない。なぜ自分の願いは、いつも四十八点くらいでしか叶《かな》わないのか？　そもそも五十点を切ったら、それは叶っているとは言えない。我が運命を呪ったが、所詮《しょせん》は無力な子供である。従うしかない。父がその塾に決めたはっきりとした理由は聞いていないが、十中八九「お金」だろう。

僕が合格できると本気で思っていなかった両親は、どうせ落ちるのに、高額な授業料の塾に通わせるのは馬鹿らしい、もったいない、そう考えたに違いない。

優越感ハイ

塾の生徒は僕と、その親戚っぽい男の子の二人だけだったが、その子の家は僕とは別の学区にあったようで、同じ小学校ではなかった。

となると、僕の小学校からは、自分以外、誰一人その塾に通っていなかった事になる。一縷《いちる》の望みをかけて、できる限り大勢の学校の友達に、緊急アンケートを行って聞いてみた。当時は一学年四、五クラスはあり、一クラスあたり四十人は居たはず。しかし、結果、それだけの数の子供達の、本当に誰一人として、その塾の存在すら知らなかったのである。

もはや「怪談」である。

あれは本当に塾だったのだろうか。それすら今では自信がない。

そもそも、その「先生」が、いったいどうやって生計を立てていたのかも謎である。塾の月謝だけでは生活できるはずがないのだ。月の頭に、親に渡される封筒の中身を何度か覗《のぞ》いたことがあるので、その辺りのことは把握していた。それほど「お安い」塾だったのだ。

夕方塾に顔を出すと、学習塾と名のつく場所では、あり得ない濃度の「晩飯の匂い」が教室に充満していて、ほとんど家の台所で勉強しているのと変わらない気分になった。

結婚している様子もない。いや失礼な言い方だが、あの稼ぎでは結婚なんて出来ないはずだ。彼の実家だったのかもしれない。

余計なお世話はさておき、不本意な形ではあるが、僕の中学受験はこうしてスタートした。

勉強自体はすこぶる楽しかった。

「細野君の問題集」は、もちろんその塾にはなかった。そもそもその塾のオリジナル教材というものは何もなかった。結局、市販されている中学受験用の参考書や問題集を買って、塾に持って行き、先生と一緒に勉強するという、何か釈然としない事態になった。それでも、「ニュートン算」とか、「鶴亀算」とか、「流水算」とか、当時小学校では耳にしたことがなかった難問の数々、その解き方に取り組んでいるのが楽しかった。

「他の普通の子達がしてないことを、俺はしている‼」

そんな優越感で、大量の問題集と格闘する毎日も、まったく苦にはならなかった。朝、早起きして勉強し、学校に行き、部活のサッカーをやって、塾に行き、家に帰って遅くまでまた勉強。とんでもなく売れっ子のスケジュールである。

睡眠時間もあの半年間は、平均三時間ほどだったと思う。それくらい僕は勉強に励んだ。

一度、学校の健康診断で、尿から蛋白《たんぱく》が出て、腎臓《じんぞう》に問題があるなんて言われたり、急に白髪が増え、頭が真っ白になったりした。

一応大事をとって、母親に連れられ、お医者さんに行くと、

「過労です」と一言。

小学生で過労。

しかし、それが「カッコ良い！」と感じるほど、当時の僕はある種の「ゾーン」に入っていた。

あれほどの頑張りを、その後の人生で発揮できたことはない。

ランナーズハイというのがあるが、この場合、「優越感ハイ」とでも言えばいいのだろうか……力の根源は腐っていたが、とにかく毎日が充実していた。腐った土の方

が養分が豊富なのだ。

神童の予感

二、三か月もすると、中学入試レベルの問題も大方スラスラ解けるようになった。
しかし何とも気まずい問題が新たに生まれる。

ややこしいが、これは算数や国語の「問題」のことではない。先生でも解けない問題を僕が解けるようになったというか、先生よりも早く、いろんな問題が解けるようになってしまったというデリケートな「問題」のことである。

細野君が通っている塾では、到底起こり得ない事態。だが、ここではそれがいとも簡単に起こるのである。

最初は鼻差であった。

「先生、この問題どうやるんですかー？」と質問する。

すると、先生がもっともらしく手を後ろに組んで僕の横にやって来る。

「どれどれ……」などと言いながら覗き込み、これまたもっともらしく考え始める。

先生はもっともらしくふるまうのを好んだ。すると、その矢先に、もう僕が閃《ひらめ》き、問題を解いてしまう。先生は、「そういうこと!!」と言わんばかりに僕の肩をポンッと叩《たた》き、これまたもっともらしく離れていく。

事態はどんどん悪化し、最初は鼻差だったものが、一馬身二馬身と離れていき、受験本番の頃には先生は出走すらしなくなった。つまりチンプンカンプンだと平気でさじを投げるようになったのである。

勉強の成果が出ているということで喜ばしい反面、非常に気を遣《つか》う事態に陥った。

そんな時は、先生を傷付けないように僕も分からないふりをして、彼が正解に辿《たど》り着くのを待つ。

「先生分かるの待ち」である。もはや意味が分からない。

例えば、「面積を求めよ」という、算数の図形の問題がある。そういう場合、補助線を引かないと解けないことがほとんど。逆に言えば、補助線をどこに引くか、それが分かりさえすれば、問題は解けたも同然である。

「先生ー。これどこに補助線引っ張ったらえーの?」

すると彼は僕の横に来て考え始め、例のもっともらしい感じで、鉛筆でいろんな場所に線を引っ張り出す。

それを見てるうちに僕は正解が分かってしまうのだが、先生はまだあらぬ方向に線を引っ張り続けている。

「どれどれ、うんうん……なるほどね」などと呟きながら一向に答えに辿り着けない先生の様子を見ながら、僕は自分も分からないふりを続けるのである。

先生という大人に、恥をかかせたくないのだ。

生徒数が二人とは言ったが、宿題をする子はそんなに頻繁に塾に来ない。実質、先生と僕のマンツーマン状態になる日が多かった。

そんな二人っきりの空間で、先生に恥をかかせてしまったら、その気まずさを僕が一手に引き受けなければならない。それは耐えきれない。

実際、何度か僕が先に答えが分かった事が気配でばれた際、先生が大いに不機嫌になったこともあった。

なので、彼が正解を思いつく時間を稼ぐために、尿意もないのにトイレに行ったりもした。

時には、先生が得意げに解き方を教えてくるのだが、実はそれは間違った方向で、それでは正解に辿り着けない。しかし、僕はすでに正解が分かっている。そんな状況も発生する。

そういう場合も「ああ、はいはい‼　なるほどー‼」とか言いながら、先生の熱弁にお付き合いし、

「ありがとうございますー‼　もう大丈夫です‼」と言っておいて、彼が離れた隙に正しく問題を解く。

先生が採点するから、自分が教えた解き方、答えではないのは彼にも一目瞭然《りょうぜん》のはずなのだが、そんな時は何も言わない。

僕は、「大人って凄《すご》いなー」と感心したものだ。スルーする力。都合の悪い時は目をつぶると言う手法。そういう部分は今でも役に立っている。

当時は、「余計なことに時間と労力を使わされているなー!!」と被害者意識があったが、今では、「あれはなにかの斬新な、先生なりの独自のメソッドだったのでは?」と思う時もある。あながち違うとは言い切れない。

というのも、周囲の予想に反して、兵庫県では有名な、私立の「六甲《ろっこう》学院六甲中学校」に見事合格したのだ。僕自身も、短い期間で、しかも、言っちゃ悪いが、あの塾で合格したのである。我ながら「これは凄いことなんじゃないか?」と思った。

そんな僕よりテンションが上がってしまったのは、塾の先生である。今考えるとこっぱずかしい話だが、「君も山田君みたいになれる!! 目指せ、中学受験!!」と書かれたビラを町中に撒《ま》き始めたのだ。言っておくが彼が勝手にやったことである。

小さな町でのこと。その界隈《かいわい》では、「中学受験に合格した子」として、僕はちょっとした有名人になった。

そこで僕の中に、「神童感」が生まれる。

自分は何でもできる、特別な人間だ。選ばれし人間だ。

この神童感のおかげで、その後人生の節目節目で、ことごとく失敗することになる。

第2章 地獄の通学路

初めてのステーキ

中学の入学式には父が来た。例の玉虫のスーツでバッチリ決めて。

もちろんそう思っているのは本人だけで、やはり他の父兄のスマートないで立ちと比べるとはなはだ滑稽《こっけい》で、周りの人達の視線を痛いほど感じた僕は、隣にいて正直恥ずかしかった。

そんなことには我関せずといった風情の鉄のハートを持つ父は、自分のことのように誇らしげな様子で、息子の入学式を一人満喫していたが。

ときおり、他の父兄と目が合うと「お宅も合格しましたか、良かったですね！　お互い頑張りましたね！」的な表情で笑みを浮かべていた。「元々、わたしもそっちサイドの人間ですよ」と言わんばかりに。

息子からこんな言い方はないだろうが、「なんじゃコイツ！　いっちょまえに振舞いやがって！」となぜかちょっと腹が立っていた。「しょうもない塾」の件がまだシコリになっていたようだ。

「よく何にもしてないのにそんな感じ出せるな」と思っていた。

昔からの悪い癖だが、僕は、感情の保温能力が高く、つまりは恨みがましいところがあり、いつまでも覚えている。

息子がそんなことを考えているとは露知らず、父は、よほど機嫌が良かったのだろう。入学式の帰り道、途中で寄り道して神戸三宮《さんのみや》駅で電車を降りて、ステーキをご馳走《ちそう》してくれた。そこは高級店というわけではなかったが、結構ちゃんとしたレストランで、僕はそこで人生初めてのステーキを口にした。

当時我が家での外食の定番といえば、駅の立ち食いそばだった。

家族総出で最寄り駅まで歩いて行き、改札の横に併設された、立ち食いのそば屋で天かすそばを食べて、歩いて帰る。

家を出て再び戻るまで、ずっとスタンディング……ある意味立食パーティーである。

そんな風だったから、ちゃんとしたレストランで、というか、そもそも座っての外食が初めてだった。息子の前でいいところを見せたかったのか、あるいは普段からそうしていたのか、とにかく父はおもむろに左手を高くあげ、「パチン!!」と鳴らしてウェイターを呼ぼうとした。

ちなみに父は左利きで、昔から、左利きを凄く自慢していた。僕は不便だなーとしか思わなかったが、父は「左利き」が連想させる「天才性」みたいなものを心の拠《よ》り所にして生きているフシがあった。尊敬して欲しかったのかもしれない。

それはさておき、指パッチンである。

運悪く、父の親指と中指はその瞬間、摩擦係数が限りなく0だったのか、あるいはやったこともないのに無理していたからなのか、「シュッ‼　シュッ‼」と不発に終わり、一向にウェイターの人は気付いてくれなかった。仕方なく、「すいませーん……」という父を見て、また恥ずかしくなった。

それでも、でかい玉虫、もとい父とステーキを食べながら、これから始まる学校生活に胸躍らせていた。

人生はまだまだ順調であった。

地獄の通学路

こうして、名門六甲学院51期生としての学園生活がスタートすることになったのだが、その「道のり」は険しく、困難を極めた。とてもじゃないが、学園生活なんてのんきなものではなかった。

「道のり」とはこの場合、文字通り、「家から学校までの道のり」……つまりは「通学路」を指す。

何が険しく、困難なのか？　単純な話、遠いのである。

まず、毎朝起床は五時。

六時過ぎには家を出ないと間に合わない。顔を洗って、歯磨きをし、時間があれば朝食をかき込み、制服に着替えて家を飛び出す。

眠い目をこすりながら、地元の駅まで二十分歩く。冬などは、まだまっ暗、ほとんど夜だ。そこから電車に乗り数回乗り換えて、やっと学校の最寄り駅である、阪急《はんきゅう》六甲駅に到着する。

電車に乗っている時間が、諸々《もろもろ》含めて一時間とちょっと。

この「ちょっと」は、数回ある乗り換えが、完璧《かんぺき》にスムーズになされた場合のみ「ちょっと」なのであって、一度でも乗り換えミスなどがあると、途端に大幅に膨らみ、「ちょっと」ではなくなるという、不動産屋のチラシの、「駅から徒歩十分です！」と同じ希望に満ちたいい加減な「ちょっと」である。

サッカーでいうなら、選手である各電車たちは、ボールである僕を、ワンタッチ、ノートラップの華麗なパス回しでゴールである阪急六甲駅まで運ばなければならない。

最後に駅から学校まで、歩いて二、三十分……計二時間弱の道のりである。

「東京から新幹線で名古屋《なごや》に行く」のとほとんど同じくらいの移動時間。なかなかしんどい。

僕の住んでいた町は、兵庫県の県庁所在地でもある、百万都市・神戸のベッドタウンだった。

学校に向かう朝の時間帯は、会社が神戸にあるサラリーマン達の通勤時間とピッタリと重なっていたようで、いわゆる通勤ラッシュの真っ只中《ただなか》を毎日電車に乗っていた。

「鮨《すし》詰め」なんてレベルをはるかに超えた混雑。

夕方のニュースで時たま特集される、地域密着の激安スーパー。そこで、タイムセールの目玉商品のオクラの詰め放題なんてのがよくあるが、そこには必ず名人のおばちゃんがいて、ビニール袋をまずギュウギュウ伸ばしてから、オクラを縦にパンパンに入れていく……くらいな詰められ方だった。

座れない。

自分の地元の駅が始発ではないので、僕が乗る時には、座席はほんの一、二人分のスペースが残されているのみ。

しかも電車のドアが開くやいなや、駅のホームに並んでいた大人達がそこめがけて殺到する。

わずかな席の奪い合い。まさに弱肉強食の世界である。

中学生のガキの出る幕などない。

「朝顔」の呪いなのか、その後あまり背も伸びず、まさにあの時の「ふたば」のような状態だった僕には到底太刀打ちできなかった。中には、空席スペースの3歩手前くらいから、もう後ろ向きになり、お尻《しり》から行く、「背面跳びの選手」のような技を会得しているつわもののおじさんもいた。

僕は、大人達の、なにがなんでも「座りたい」、とにかく腰を下ろしたい、その執念みたいなものに毎朝ドン引きしていた。

おのれの職場からは遠く遠く離れたこの町に家を建てざるを得なかった人々。

自分の持つ唯一の武器、「通勤時間を最大化する」ことで、やっとこさ叶《かな》えたマイホームの夢。

その代償として、こんな早朝からひどい混雑の電車に乗る。長い長い通勤、それも毎日である。

「せめて座らせてくれよ！」

そこには、女、子供、年寄りに対する思いやりなど一切ない。

「ひとたび戦場に出れば、子供も大人も同じだ！」というハードボイルドな世界。どんなに地域で評判の良い、家では優しいに違いないパパたちも、この通勤の時だけは、殺気をまとっていた。

僕が毎朝電車に乗ると、必ずいて、かつ席に座れているおじさんがいた。

僕の地元の駅より大分向こうの駅から乗っているのだろう。風体はいたって普通の人で、なんの特徴もない中年のおじさんだったがただ一つ、車内の誰よりも目を引く点があった。極度の潔癖症なのか、とにかく、「接触」を異常に警戒するのである。

早朝の通勤電車のこと。座っていると、うとうとした隣の人が、こちらの肩に頭をのっけてくるなんてことがよく起こる。が、この潔癖おじさんのその「線引き」はもっと手前で、厳しい。隣の人の肘《ひじ》が「カスッ」とほんのちょっとでも、当たりそうになろうものなら、実際に当たっていなくても、海水浴中、足がわかめに触れた人のように、ビクン!!と反応し、すごい勢いで、体をひねり触れられることから逃れる。それを、両隣の人に対してやるものだから、電車を降りるまでずっと左右に腹筋をひねっているような格好になる。何かのエクササイズだったのかもしれない。

極めつけは座り方である。

座りたい気持ちと、人に触れられたくない気持ち。相反する二つの感情がおじさんの中でせめぎ合った結果だろう、「ものすごく浅～く」座っていた。

両隣に座っている人達と、少しでも接触の可能性を減らしたい。背中を預けて、しっかり深く腰掛けると、どうしても隣の人に当たる。

それを避けるため、異常なまでの浅い腰の掛け方をするのである。

それはもはや「空気イス」……もう座るなよと言いたかった。

車中、黒い手帳に、小さな小さな字でずっと何かを書き込んでいるおじさんもいた。

米に字を書ける人くらいの細かさで。あのおじさんなら、お茶碗《ちゃわん》一杯分あればなにか小説を上梓《じょうし》するだろう。

そんなダメージを受けた大人達に囲まれながら、やっと辿《たど》り着く駅。そこから学校に歩いて登る。そう……文字通り、「登る」のだ。

駅から学校までの道のすべてが、急勾配《きゅうこうばい》の上り坂になっていて、あれはもう、体感でいえば、四十五度はあったといっても言い過ぎではない。もちろん、四十五度の坂など登れないのだが、本当に、それくらいの坂道が学校まで延々と続いていた。

サッカー部の先輩が言っていたことだが、一度あやまって学校の外に大きく蹴《け》り出してしまったボールが、行方不明になり、その後、六甲駅の改札に転がっていたなんていう都市伝説まで囁《ささや》かれていたくらいである。

加えて荷物が尋常でなく重たい。

やたらと多い各教科の教材の数々、ノート、部活の準備、弁当……それらでパンパンになったカバンを背負って坂道を行く。

見た目、「車では行けないような、富士山《ふじさん》とかの上の方の山小屋に、食糧とか、水とか、合計百kg近い荷物を背中に担いで、身一つで山を登っていく人」、強力《ごうりき》とか歩荷《ぼっか》と言われる人がいるが、もう、それである。

このような、ハードな道のりを踏破し、朝の八時前には学校に到着し、校内着に着替えて、朝礼に参加する。

大部分の生徒が、なんでこんな戦国時代の山城のような立地に学校を建てたのか、創立者の気まぐれを恨んでいた。誰でもいいから、お金持ちの有力な父兄が、いつの日か駅から学校までロープウェイでも造ってくれないかと願ったものである。もちろん、それはうちの父ではないが。

その後、授業を受け、部活をやり、帰宅の途につく。

家につくのは七時から八時、いろいろある日は十時なんてことも多々あった。

家に帰るともう疲れと眠気で朦朧《もうろう》としている。

晩ご飯を食べ、風呂《ふろ》に入り、学校の宿題をする。これがまた、各教科、大量に出るものだから、結局、布団にもぐり込むのは夜の十二時を大幅に過ぎている。

そしてまた、朝五時起き……そんなハードな毎日だった。

授業と先生

私立六甲学院中学。

カトリック修道会のイエズス会を母体とした中高一貫教育の男子校で、関西においては、「歴史のある名門校」などと表現される事もあるようだ。

一応、ミッションスクールと呼ばれるような学校だが、世間様が思い描く「ミッションョン」のオシャレ感は全くなく、どちらかと言えば、お寺のようなノリの学校である。

先生方はよく、六甲精神などと言っていたが、独特の決まりというか、確かに六甲ルールとでも呼ぶしかないものが多かった。

絶対に電車で座ってはいけないという校則がある。

おかげで、今でも電車で全く座らない。気が咎めるのだ。

後、例えば、掃除。

特に、便所の掃除は「ベンバン」と呼ばれていたが、これが結構回ってくる。

格好からして独特だった。

まず、短パン一枚で行う。文字通り、短パン一枚なので、もちろん、上半身は裸。

そして、くどいが、短パン一枚なので、靴も履けない。足元は裸足《はだし》である。これが、夏ならまだいいが、冬は地獄である。

学校自体が山の上にあるので、元々、冬はかなり冷え込む。

加えて、校舎の床や壁は、ヨーロッパとかの歴史ある建物に使われてる風の、表面ツルツルの、大理石っぽい高そうな石でできていた。

それは、「伝統ある学校ですよ！」という、重厚な雰囲気を演出するのに一役買ってはいるが、なにせ……冷たい。もう、学校全体が冷たい。寒いとかではなく、冷たいのである。そこを「短パン一枚で裸足」である。ゴム手袋などない。素手でひたすら便器を磨く。便器自体も冷たい。

僕の記憶では、洗剤の類《たぐい》を使うことも禁じられていた。とにかく、磨く。拭《ふ》く。

入学当初は、正直、「ベンバン」が嫌でしょうがなかったが、創立以来の伝統だと言われれば仕方ない。

また、誰もやっていない変わったことをやっているという例の歪《ゆが》んだ優越感も手伝って、すぐに慣れた。

授業はハイレベルで、たしか、中学三年生の時にはもう、高校の勉強に入るようなペースでカリキュラムが組まれていた。

教師も印象深い、優秀な人間がいた。

「数学なら○○先生が一番！」、「生物なら○○先生の授業が凄《すご》い！」と言うように、校内のみならず、地域の「進学塾」とか「進学校」界隈《かいわい》で、高い評価を受けている先生が何人もいた。

日本人の先生の他に、外国人の先生も何人かいた。今から二十七、八年前の話である。

今だと特筆するようなことでもないのだろうが、当時、公立中学、少なくとも、僕の地元の公立中学には、外国人教師などいなかった。おそらく「カトリックの学校」ということもあったのだろうが、普通に何人も外国人の先生がいた。

僕は、「さすが私立の名門校だな～」と感心し、そんな「六甲」に入れた自分を改めて誇らしく思った。

家に帰って、ペリーが来た時の江戸っ子の皆さんくらいのテンションで、両親に、「学校に外人がおった～‼」などと報告した記憶がある。

僕は、そんな部分でも、地元の中学に進んだ小学校時代の友人達に対して、優越感を抱いていた。「彼らの人生はもう終わった……かわいそうに……」くらいに考えていた。そう、実に嫌な人間だったのである。

先生の中には、人柄、性質の部分が一番の持ち味となって目立ってしまい、「鬼の○○先生」とか、「仏の○○先生」などの勉学とは関係のない肩書きを持つ先生もいたが、結局、僕は鬼にも仏にも出くわす間もなく、学校を去ることになる。

そもそも、カトリックの学校に、仏とか鬼がいるのもおかしな話だ。

教わる側の生徒達も、さすが、中学受験の難関を突破して来た、少数精鋭の人間である。優秀な人間が多く、毎日の授業にも緊張感を持って臨んでいた。

しかし、僕はそんな「優秀な」彼らに対して、勉強でも運動でも一歩も引けをとっていなかった。学生としての「体幹」はかなり強い方だったと思う。

その証拠に、成績も学年で十番以内くらいの上位に大体いつも入っていたし、調子のいい時などは、三番から五番辺りをうろついたりもした。

すべての教科において、小学校時代と同じく成績は良かった。

特に、英語が得意で、校内の英語のスピーチ大会のようなものに、クラスの代表かなにかで選ばれたこともあった。

通常、中学生くらいの男子は、英語を本格的に発音するのが気恥ずかしくて、わざと、「じす　いず　あぺん」などと言ってしまいがちだが、僕は全然平気だった。

海外から帰りたての、ほっかほかの帰国子女の生徒が同じクラスにいたが、彼と遜《そん》色《しょく》なく流暢《りゅうちょう》に発音出来た。

「r」の発音など外国人の教師に、「ネイティブスピーカーのようだ」と褒められたこともある。ただ、その先生はアルゼンチン出身で、「cat」を「カット」と発音する人だったので別段嬉《うれ》しくはなかったが。

後に、芸人になり、苛酷《かこく》な海外ロケ番組に出演した際、普通に流暢に英語を操り、外国人と意思の疎通が図れたため、ディレクターに、「つまんない」と言われたことがある。勉強が仇《あだ》となったかたちだが、それほどに出来たのだ。

定期テストの前になると、僕のノートを借りたい、見せて欲しいというクラスメイトも結構いた。

成績優秀という実績はもちろん、生来の几帳面《きちょうめん》さから、授業もしっかり聞いてノートをとっていたし、家に帰ってから、自分なりに補足の情報を書き込んだり、図形やグラフを貼り付けたりしていたので、そんじょそこらの参考書より内容が充実していたのだ。

たまに、お小遣いが欲しい時などは、一回五十円でノートを貸してあげる商売をしたら、千円近く儲《もう》かった。

一年生の時には、担任の先生に、三者面談かなにかで、「山田君はこのまま頑張れば、おそらく東大いけます‼」などと言われ、両親がキャッキャ言っていたのを覚えている。まあ、結果、「こう」なっているので、あの先生の太鼓判には朱肉がついていなかったようだが。

中学に入っても、小学校で始めたサッカーは続けていたが、すんなりとレギュラーになれた。

一度、なにかの試合の時だったろうか、ヒールリフトという格好良い技があるのだが、それで自分の目の前の選手を華麗に抜き去り、その後三人、四人とドリブルで抜いて、ゴールを決めたことがある。

それを見た先生が、周囲に「天才だ！」と漏らしていたらしい。その後、そんなプレーは出来たことがないので、もちろんたまたまなのだが。

こんなに臆面《おくめん》もなく昔の自分をほめたたえるのも気が引けるが、その時の僕は、実写版の『キャプテン翼』だと言っても過言ではなかった。

その一方で、例えば、勉強でも絶対に勝てないヤツがいた。サッカーも、僕もレギュラーではあったが、それより上手《うま》いヤツも何人かいて、その中の一人はなにかのユースチームに選ばれたりもしていた。

そんな時、「あれ？　なんかおかしいな。俺って神童じゃなかったっけ……」と若干揺れることもあったが、それで自分のすべてを否定するほどでもなかった。

華やかな同級生との格差

一応、「私立の名門校」などと言われる学校だったので、貧乏公務員の息子にはいろいろとハードルが高かった。そこには「格差」が明らかに存在した。

学校は弁当だった。母には随分負担を掛けたと思う。

なにせ、毎朝僕も五時起きだったが、母は僕の弁当を作らなければならず、それより一時間早い、四時には起きなければならなかった。

豆腐屋みたいな生活サイクルである。

短かった中学校生活の後半になると、親子揃って息切れしたのか、母の弁当作りも手抜きが多くなり、おかずは大体、前の晩の煮物の残りだけという日が増え、米の領域がドンドン広くなり、僕は「砂漠化」と呼んでいたが、最終的には、ご飯：おかずが9・9：0・1くらいになっていた。

ある時は、弁当箱を開けたら、焼きそばパン一個がドーンと入っているだけ、なんて日もあった。

僕が自分で作ったりすることもよくあった。

クラスメイト達の豪華《ごうか》な弁当と比べると気がひけたものである。

僕は自分の貧相な弁当が恥ずかしく、母には申し訳ないが、それこそ体全体を使って弁当を覆い隠しながら食べていた。はた目には、机に突っ伏して泣いているように見えたに違いない。

おかずの色どり、バリエーション、どれ一つとっても明らかにクラスメイト達の弁当は、何かしらのセレブ感が漂っており、一度まじまじと隣の席のヤツの弁当を見た時、おかずでサイコロステーキが入っているのを見て腰が抜けそうになった。大体の弁当が、我が家の晩ご飯のグレードを上回っていた。

何人かの生徒は、おかずの交換なんてことも楽しんでいたようだが、そのお鉢は僕のところには回ってこなかった。同級生も何となく気付いていたのかもしれない。僕の弁当には、彼らとトレードできるような良いおかずは入っていなかった。手札が弱過ぎたのである。

こんな風に、本来なら楽しいはずの昼飯の時間ですら僕にとってはひどく苦痛で、いつも卑屈な気持ちにさせられた。

同級生との格差は弁当以外にもあった。

言い方は悪いが基本的にみんな「ボンボン」である。彼らのご両親は、やれ医者だ、弁護士だ、大学教授だなんてのが本当にザラにいて、中には某スポーツ用品メーカーの一族だなんてヤツもいた。

関西の高級住宅地、「六麓荘《ろくろくそう》」に住んでいる生徒もたくさんいた。

友達の一人が、「ホテルで、誕生パーティーをした」なんて話を小耳に挟んだこともある。普段、僕と学校で仲の良い、クラスメイト達も何人か参加していたらしい。他の学校の女の子の友達なんてのも来ていたそうな。それらが、ごくごく普通な感じで、特別の出来事ではなく行われていた。

変な話、もう童貞を卒業している人間もいたかもしれない。

もう、アメリカのテレビドラマ「ゴシップガール」、あるいは「花より男子」のF4的なああいうノリ。セレブ。そんな連中が実在していた。そういえば、何人かの友人はなにやら高そうな腕時計をしていた。

「これは無理や、住む世界が違う……」そう思った。

英単語を覚える時に、新聞折り込みチラシの裏の白い所を活用した「単語カード」を使っているような人間とは考え方、価値観が違い過ぎる。

こういうことも、後に、学校に行く気力をポキッと折られる遠因になっていたのかもしれない。

周囲も、僕のことは「できる人間」と認めていたと思う。

しかし、いくら勉強ができても、運動ができても、生まれ持った格差は当時の僕にはいかんともしがたい。

道理で、僕に成績や部活で負けている「下」のヤツらが、僕に対して、負けた感じを一切出さず、偉そうにしていたはずだと妙に納得した。人間のプライドを支えるのは所詮《しょせん》金だと思った。

予兆

ある日、駅で一緒になった同級生と、学校に向かっていた。

駅からしばらくはまだ街っぽい感じだが、そのうち急勾配《きゅうこうばい》の坂道になる。

坂道というか、一応周りは住宅街ではあるのだが、角度的には、もう「山道」である。

その、まだ街っぽいエリアを抜けるか抜けないかの地点でそれは起きた。

唐突に手の平に、「ぬくもり」が発生した。

その後、「ピチャーン!」と音がした。

科学的にどうなのか分からないが、その時は確実に、「ぬくもり」先行の「ピチャーン!」だった。

手の平を見ると、白、茶色っぽい黄色、黒がグチャグチャッとなった、スライミーな物体がそこにあった。

その時僕は、「ビルの上階の住人が、朝ご飯の目玉焼きをフライパンでひっくり返そうとして、それがピョーンと窓から外へ飛び出し、自分の手の上に落ちて来た」という、アメリカ人が大笑いしそうなベタなハプニングが起こったのだと、なぜか咄嗟《とっさ》に思った。

人間の咄嗟の判断能力なんてたかが知れている。

実際は、カラスか何かの糞《ふん》が、丁度僕の手の平に落ちて来たのだろう。制服にも、手の平に当たった糞が盛大に跳ねていて、付着した部分は白くなっていた。

車のボンネットや、人の肩などで見かける、あのペンキっぽい白い状態のヤツだ。

しばらくして、僕も糞だと気付いたが、本来なら「汚いなー!」となるところを、僕も同級生も妙にツボに入ってしまい、手の平に鳥の糞を乗せたままゲラゲラ笑っていた。

自分の手の平にウンコが落ちて来ることなんてまずない。確率にしたらいかほどだろうか。

その日は、いつもより何本か遅い電車に乗っていた。なので、いつもより遅く駅に着いた。

その日はそこで、いつもなら一緒にならない、仲の良い同級生と会った。同級生とお喋《しゃべ》りをしながらなので、歩くペースはいつもより少しだけゆっくりになっていたかもしれない。

その日は荷物が多かったから、カバンを女子っぽく、肘《ひじ》にかけて、それのせいで手の平が天を仰いでいた。いつもなら、肩に担いで持っていたカバンだ。

その日に起こったささやかなイレギュラーの積み重ねが、その日の行動が、結果、手の平とウンコというあり得ないコラボを実現したのだ。

確実に、その日、僕は、僕の手の平は、ウンコを迎えに行っていた。いや、迎えに行かされていた。

何か人間より高次元の存在に。

オカルトチックな話になるが、あれは何かの予兆だったに違いない。誰からのものなのかは知らないが、あのメッセージの意味するところを、もっと敏感に、真摯《しんし》に、正確に受け取っていれば、あんなことにはならなかったはずだ。

ポイント・オブ・ノー・リターン

それから数日後、暑い夏の日、いつもの通り、学校に向かっていた。いつもの電車で、いつもの時間に駅に着き、いつものペースで歩く。何の変哲もないとある一日。箱に手を突っ込んで無造作に一つ選んで取り出した、いつもの通りの早い時間だったので、駅から学校に向かう道中、生徒には誰にも会わなかった。

遠方から通学していると、ちょっとのミスで致命的に遅れることがある。遅刻を極端に恐れていた僕は用心深くなり、常に早め早めのスケジュールで動くことを心がけていた。

そもそも早めに見積もっている起床時間を、さらに十分早くする、家を出るのをちょっと早くする、電車を一本早くする……この早めが積もり積もった結果、同級生から、「なんでいっつもそんな早く来てんの？　一人で何かしてんの？」と怪しまれるほど、当時の僕は一番乗りキャラになっていたので、登校中に、生徒に会うこともほとんどなかったのだ。

駅からしばらく続く街並みを抜け、勾配《こうばい》が増してきた坂道の途中でそれは起こった。

「あれ？　お腹が痛い……」

それまで何の違和感もなかったお腹の具合が突如悪くなった。

「ゴロゴロゴロ」……腹から聞こえる不穏な音。さらに、「ポコポコッ」とか「キュールルルル」とか、お腹のそこかしこで音がし始めた。

オーケストラで、演奏前に各楽器が思い思いに、試しに音を出している時のように。このまま順調にことが進めば、そろそろコンサートが始まるに違いない。後少しで、蝶《ちょう》ネクタイの紳士が、指揮棒をサッと振り上げるはずだ。しかし、学校まではまだまだ距離があった。おそらく、あと十分はかかる。まずい。

周囲にコンビニなんてなかった。山道、といっても住宅街ではあるのだが、お金持ちの立派な家が建ち並ぶ、山の手の高級住宅街。トイレを借りられそうな雰囲気はない。何より恥ずかしかった。

そんなことを考えているうちにも、ドンドン便意は高まってくる。

一度、便意と意識したが最後、その存在感は増す一方であった。

とにかく、一秒でも早く学校に、便所に辿《たど》り着かねばならない。校舎まで行けなくても、現在地から一番近い、グラウンドまで行けば、たしか便所があったはずだ。

最悪、「野で放つ」という選択肢もこの緊急事態ならあり得た。いくらモラルがないと責められようが、知ったこっちゃない。それで怒られるのは、高校生からだ。自分はまだ中学生だから全然オッケーだ。

しかし、それに適した草むらもなく、また、間の悪いことに、自分の学校の生徒こそ見かけなかったが、ちらほらと、近所の女子大のお姉さんが歩いていた。

松蔭《しょういん》女子学院大学。関西の名門お嬢様学校である。その中・高等部の真っ白なワンピースの制服は、テレビのローカルニュースで、衣替えの話題が、毎年夏の風物詩的扱いされるほど、地域では憧《あこが》れの対象であった。

そんなお嬢様の前で野グソなどするわけにはいかない。この時点で、僕の退路は完全に断たれていた。

一瞬、駅まで引き返してトイレに行こうかとも考えたが、すぐに思いなおす。絶対途中で漏らす。漏らした状態で、駅からやって来る大勢の生徒と出くわす。最悪だ。

ここは、すでに「point of no return」（帰還不能点）だった。

今から駅まで戻る燃料はもう残されていない。もう前に進むしかない。

僕は全身の力をお尻《しり》の一点に集中させ歩き出した。結果、両足の太ももがピタっと密着し、固定され、膝下《ひざした》の可動部分だけを使って歩く様は、何かのガールズコレクションさながらの綺麗《きれい》なウォーキングのようになっていたに違いない。

完全なる防御体勢。ボクシングでいえば、タイソンが得意とした鉄壁の防御、「ピーカーブー」スタイルである。

行ける。いや、行かないと駄目だ。

ぬるついた脂汗が全身ににじみ出てくる。

成績優秀、部活でもレギュラー、そこそこクラスの中心人物、そんな山田君が、「漏らす」わけにはいかない。

坂道を一歩一歩行きながら、僕はおこがましくも自分をある人物に重ね合わせていた。

カトリックの学校だったので、聖書の授業があったり、ミサなんかも行われたり、何より、六甲の先生は大体が神父様でもあったので、その辺の知識は人よりも豊富だった。

何とも畏《おそ》れ多い話ではあるが、今こそ神にすがりつかなければ。この試練を乗り越えるにはそれが必要だった。

いつもの通学路が、あの「ゴルゴタの丘」へと向から坂道に変わっていた。

その勾配を、十字架を背負って一歩一歩進んで行く、イエス・キリスト。

やじうま達に、石を投げつけられながら、最後までご自身のおみ足で坂を上り切ったイエス様。

今自分は、あの方と同じ体験をしている。試練を与えられている。

ウンコという十字架を背負い、一歩一歩進んで行くのだ。

そうか、この得難い体験をさせるために、創立者はこんな山の上に学校を作ったのか？　すべては主のお導き……。

きっと乗り越えられるはずである。

精神的に追い詰められた僕は、そんな訳の分からない熱に浮かされ、歩き続けた。

しかし、もちろんのこと、所詮《しょせん》は凡人である。「主」とは比べるべくもない。

さて、物語としては、ここからなんとかグラウンドにまで辿り着き、トイレに駆け込んで、よし、これで助かった！　とズボンを下ろすその刹那《せつな》、あと一歩のところで漏らしてしまった、くそっ、あと少しだったのに、なんでだー!?……くらいの方が盛り上がる。こちらも芸人の端くれ。分かっている。

ドキドキハラハラの筋立て。読者を惹《ひ》きつける効果も十二分に狙えるというものだ。

ただ一つ言っておきたい。

「事実は小説より奇なり」などと言うが、それを言う人はつまらない駄作の小説しか読んだことがないのだろう。たいがいの場合、当然小説の方が「奇なり」であって、だからこそお金を払って読むのである。

これはあくまで現実の話。現実はしょうもない。

完璧な処理

僕はすでに……漏らしていた。

何なら「ピーカーブー……」の数秒後にはもう漏らしていた。

闘いのゴングが鳴ったその直後である。

しかし、誤解のないよう言っておくがこれは「わざと」だった。僕は、瞬時の判断でよりクレバーな作戦に切り替えていたのである。

つまり、あまりにも「便意」が巨大だったので、「一回小出しにしとこう！」というケツ断を下したのだ。

パンツ部分で食い止められる程度に小出しすれば、お尻の門を突破しようとするヤツラの圧力もいくらか減らすことができるだろう。

その分、太ももを密着させた、歩きにくい「ガールズコレクション体勢」を解除して、より速く歩くことができる。

そうすれば、その後想定される、「洗面所での洗濯」に時間をかけられるし、何より他の生徒が登校してくるまでの時間を稼げる。

つまり、最小限の被害でこの危機を乗り越えられる。そう判断したのだ。実にクレバーである。

中学生にして、これはなかなかの危機管理能力だ。

そう自分に言い聞かせ、慎重に力加減をしながら「小出し」にした。ケーキに絞り袋でホイップクリームをちょこんとデコレートするイメージである。

「ブリッ!!」

朝の閑静な住宅街に、ビックリするほど、その音は響いて周りの家の窓のカーテンが、シャーー!!と一斉に開くんじゃないかと怯《おび》えたが実際は何事も起こらなかった。

ただ思っていたより、随分多めに、そして思っていたよりかなり「ゆるい感じ」のものが出た。

モコモコッと自分の制服のお尻の部分が膨らんでいくのが分かった。アフリカの母性たっぷりのお母さんのようなシルエットになっていたに違いない。

あとはなるべく早くグラウンドに辿り着くだけだ。

そこから急いで歩き、五分ほどで、グラウンドの便所に到着。

終始、不快な違和感が下半身にあったが我慢して歩いた。想定より大分近かったので、「もしかして、少しも出さずにノーダメージでここまで来られたんじゃないのか?」と一瞬自分の判断を後悔しそうになったが、今はその時ではない。

便所に着くと、まず個室に入りカギを閉める。来る途中、学校関係者には誰も会わなかったが、時間的に、そろそろ生徒達が駅に着くころだ。

しばらくすれば、そいつらが大挙して登校してくる。残された時間は多くはなかった。

まずは、被害状況の確認である。二次被害を避けるため、先に靴と靴下を脱ぎ、裸足《はだし》になってから慎重にゆっくりゆっくりズボンを下ろす。便所で裸足になるのは、「ベンバン」のおかげでまったく抵抗がなかった。

もう歩いている途中でなんとなく分かってはいたが、ズボンもやられていた。制服のズボンのお尻あたりに、大きな染みが広がっていた。カップアイスを開けた時のふたの裏のように、しっかりとあれが付いていた。ペロリと舐《な》めるわけにもいかない。

ズボンを慎重に裏返しにして、脇に置く。さあ、お次はパン……べっとりだった。

もうハッキリべっとりだった。

それもズボンに触れないように脇に置く。小出し作戦でなんとか辿《たど》り着いたが、お腹の痛みも、もう限界だった。

便器に腰を掛け、残りのヤツらをすべて解放するべく僕はいきんだ。

「プス――――――」

長い長い溜息《ためいき》のようなおならの後、それ以上何も出てこず、腹痛は嘘のように収まった。

全部だった。思っていたより多めに出た、「小出し」。それがすべてだった。なんやねん!!

十六両編成の新幹線だと思っていたら、田舎の在来線二両と、あとはただの雰囲気だけだったのである。

騙《だま》された。それなら、ギリギリまで我慢して、なるべく便所に近い地点で出していた方が、ズボンに浸食する量も減ったんじゃないか。うんこと生地が接触している時間も短くて済んだんじゃないか。

後悔しても、後の祭り。今は時間がない。

個室のドアを開け、コッソリ外をうかがう。まだ人影はない。僕は下半身丸出しで、外に設置されている水飲み場まで素早く行くと、まずは自分の体を丹念に洗った。ふくらはぎあたりまで来ていた。

続いて、パンツとズボンの被害個所《かしょ》を無心に洗い、きつくきつく絞って、パンパンとはたいてから穿《は》いた。教室まで行けば校内着に着替えられるので、制服は脱げる。

問題はパンツだが、これはなんとか体温で乾かすしかない。大丈夫だ。乗り越えた。完璧なはずだった。幸い誰にも見られていない。大丈夫。そう自分に言い聞かせながら、教室へと向かう。タイムロスがあったのに、一番乗りだった。ついている。

早々に、校内着に着替え、制服のズボンは椅子の下にある収納スペースに放り込んだ。

しばらくすると一人二人とクラスメイトが登校してきた。

体温焙煎の香り

事なきを得た……僕は胸をなで下ろしていたが、本当の勝負はこの後だった。

一時間目が終わり、二時間目も終わった。三時間目が始まろうとしたその時、ほのかな香りが僕の鼻を刺激した。

「えっ……なんで？」

そうなのだ。しっかり洗ったつもりだったが、所詮、水で手洗いしただけ。パンツの繊維の奥にもぐりこんだヤツラはまだ完全に洗い落とせていなかった。そしてたちの悪いことに、ヤツラは乾いた時の方がより香り高く存在感を増すのである。コーヒーとかカレー粉と同じ、焙煎《ばいせん》効果。この場合、僕は自らの体温で焙煎していた格好である。

今、最高に香ばしい香りが僕の下半身から立ち上り始めた。

「ダバダーダーバダバダーダバダー♪」と聞こえてきそうだ。

椅子の下に放り込んだ制服のズボンも、夏の暑さで乾き、香りが蘇《よみがえ》っているに違いない。

今はまだ周りの誰も気付いていない。動いては駄目だ。少しでも動けば、僕の周りの空気が動く。気流が乱れて、隣の席の生徒の鼻先にふらふらと漂っていくかもしれない。

僕は微動だにしなかった。できなかった。

自分を取り巻く周りの空気、その空気の粒子の一つ一つを、分子のレベルで意識することができた。

まばたきすら許されない。じっと動かない僕。いつもなら授業中、積極的に手を挙げ先生にアピールするのに、分かっている問題にも手を挙げない。今は駄目だ。

暑い夏のこと、パタパタ下敷きで扇ぐ者、せわしなくノートをとる者、教科書を読み上げながら教室をゆっくりと歩きまわる先生。開けられた窓からそよいで来る爽《さわ》やかな風。

空気を動かす要素は無数にある。

僕の鼻先にはもうかなりの勢いで「フレイバー」がやって来ている。鼻先に立ち止まって、じっとしている。先生が僕の横を何か講釈を垂れながら通過した。空気が動き、僕も風を顔に感じた。次の瞬間、隣の席の生徒が、「あれ?」となったのが分かった。直接、顔を見なくとも気配で分かる。

時を同じくして、前の席のヤツの背中が「あれ？」となった。背中で語るとはこのことだ。

もう駄目だった。それを皮切りに、「あれ？」と「ん？」が広がっていく。

オセロなら大逆転。

僕の席に黒を置く。するとその瞬間、盤面を覆い尽くしていた白が、パタパタパタパタと次々にひっくり返って黒になっていく。この場合は茶色だが。

「あれ？」がクラス中に広がっていく。生徒たちの頭の上の虚空に「？」が浮かんでいるのが僕には見えた。

なんなんだ、この臭いは？　マジか？　誰やねん？

まだその「誰が」には、辿り着いていないが、それも時間の問題だ。

「ざわ…ざわ…ざわ…」でお馴染《なじ》みの漫画があるが、あれの「クサ…クサ…クサ…」バージョン。

なんとかこのまま授業が終わるまでしのげば、休み時間中に対策を講じることもできるはずだ。ことここに至って、僕はまだ儚《はかな》い希望を抱いていた。

隣のヤツが僕の方を見ている。前のヤツもこちらをちらちら振り返り始めた。

完全にばれた。終わりだ。……しかし、誰も何も言ってこなかった。

山田君から、なにか変な臭いがしてくるし、その成分は間違いなく「ウンコ」だ。でも、どうしたらいいのか分からない。僕もどうしていいのか分からなかった。意味の分からない膠着《こうちゃく》状態が生まれていた。

これが、申し訳ないが、あんまり成績もよくない、普段から気軽にからかうことができる、良くいえば「ムードメーカー」、悪くいえば「劣等生」の子なら、事態はこうもナイーブにはなっていなかったはずである。

そういう子なら、ひとしきりいじられ、からかわれ、「笑い」でしのげたであろう。究極、「テヘヘヘヘ……」くらいの簡単処理ができたはずである。

うまくいけば、卒業まで「ウンコ」ネタで引っ張って、人気者になれたかもしれない。

しかし、自分で言うのも本当になんなのだが、僕は「勉強も運動もよくできる優秀な生徒、山田君」であった。

それが、軽快にピエロを演じるのを邪魔していた。

誰も突っ込めず、お互い事態をどう収拾してよいのか分からぬまま時間だけが過ぎていく。

「可愛い女の子が、鼻毛を出している」のを、上手《うま》くいじって、誰も傷つけず、その場をなごませた男が、人類史上、いまだ誰一人現れていないように、これもまた、その時の人類には、ましてや中学生の僕達には、もう次の世代に託すしかない、手に余る問題だった。

反面、僕らは僕らなりに、空気を読んだ……というより、空気を嗅《か》いだのだとも言える。

完全にウンコの臭いが教室に充満し、誰かがマッチでもすれば爆発しかねないくらいの濃度で立ちこめていたが、そんな中、誰一人僕に突っ込まず、僕も突っ込ませず、時間だけが過ぎていった。

誰も責めることはできない。責めるとすれば、前の日の晩ご飯に、カキフライを出した、母であろう。

帰りの電車

四時間目が始まる前に、この気を遣われている、「ぬるーい空気」の中での、「屈辱の半身浴」に耐え切れず、僕はひっそりと教室を抜け出し、誰にも何も告げぬまま家に帰った。

帰りの電車では、自分の発する臭いに怯《おび》えながら、なるべく人気のない車両を選ぶ。

夕方にもならない中途半端な時間の下り電車。毎朝、毎夜のラッシュの電車しか乗

ったことがなかったので、

「普段はこんなに空《す》いてるねんな〜……」などと、この非常事態にそぐわないのんきな感想が頭をよぎったが、次の瞬間、鼻先をかすめる臭いに正気に引き戻され、少しでも風通しが良さそうな、ドアの戸袋のところに移動する。

近くに座った乗客が、怪訝《けげん》な表情を浮かべた後、僕から離れていく度に、電車から降り、知らない街の駅のホームを、自分の下半身から出て来る臭いから逃げるようにうろうろし、電車が来れば乗りというのを繰り返しながら、なんとか家に辿《たど》り着いた。

家には学校から、ジャンジャン電話がかかって来ていたらしく、帰るなり、母に「順君、ちょっとどうしたん？」とめちゃめちゃ探られた。素直に心配してくれていたのだろう。が、体がしんどかったからと言って、「ゴメン」と一言謝って済まし、すぐお風呂《ふろ》に入った。

普段から完璧な振る舞いの優等生だったので、それ以上特に追及されなかったが、帰宅するなり、口数少なく風呂に直行したので、もし僕が女の子だったら、母もあらぬ事態を想像し、もっと根掘り葉掘り聞かれたかもしれない。

自分でも意外なのだが、次の日から、夏休みに入るまで、ちゃんと学校には行っていた……と思う。前日あんなことがあったのに、僕も、同級生達も、先生も、「シラー」っとやり過ごしていた。誰も特に何も触れない。僕も何も言わない。

一人だけ、「順三、昨日どないしたん？　なんで帰ったん？」と聞いてきたヤツがいたが、僕は、「ちょっとしんどかってん」と、母にしたのと同じ答えを返しただけで終わった。

あれは多分、みんなの代表で聞きに来た、斥候的な役割のヤツに違いなかった。

ここで、「ウンコ漏らしたから帰ってん……テヘへへ」と言えれば、何の問題もなかったのかもしれない。

多少いじられることにはなったろうが、それはそれで楽しかったのではないか。

しかし、その時の僕は認められなかった。漏らす側には絶対に回れなかったのである。

神童感が邪魔をしたのだ。

とにかく、数日か数週間か記憶が定かではないが、何を思ったのか、僕は学校には通い続け、夏休みに入る。

おそらく、「学校を休む」といった、道を踏み外すことに対する恐怖心が勝っていたというか、そもそも発想の外で、選択肢にも挙がらなかったのだろう。

とにかく、これで夏休みを過ごして、新学期から、また今まで通りやっていける。大丈夫だ。そう思っていた。

結局、それがすべてではないが、ウンコがきっかけで、あそこまで長い長い引きこもり生活に自分が突入するとは、その時の僕は思ってもみなかった。

第3章 引きこもり時代

切れた最後の糸

「お前みたいな、親の言うこと聞かんやつは、もう知らんからな！」

父にそう言い渡され、学校に行かなくなったあの日。結局、父が仕事から戻って帰宅すると、母も交えての話し合いとなり、とりあえず、夏休みの宿題が全部終わったら、もう一度ちゃんと学校に行きます……ということでなんとかその場はおさまった。もちろん、一度切れた僕の心の糸は二度とピーンと張ることはなく、よって宿題をすることもなく、この後、ズルズルと引きこもり生活に入っていく。

僕の中では、自分で勝手に頑張って、私立の立派な学校に合格したのだ。それを自分で「もう行かない」という判断をして何が悪いんだ。あなた達親にはなんらそれに口出しする権利などないはずだ……そんな気持ちがあった。

実際は、親には口を出す権利はもちろんあった。お金も沢山かかっていた。普通の公立の学校ならあり得ない、そもそも本来なら必要のないお金。学費だ、教材費だ、寄付金だ……それらを頑張って払ってくれていた。親も親で悔しかったに違いない。何のために、高いお金を払ってきたんや……何のために。

ただ、その時の僕は、まったくそういうことに考えが至らなかったというか、価値を見いだせなかった。

父は昔から、「下を見るな」とか「克己心」とかそういう言葉を好んで使っていた。強い心と体を作るためだと称し、常日頃からのマラソン、冬場の屋外での乾布摩擦、風呂に入れば最後の締めに冷たい水をかぶる等々《などなど》、とにかく、そういうスパルタなノリで僕ら三人の兄弟を教育していた。

そういうノリに、僕の兄、つまり我が家の長男は、いつも反撥《はんぱつ》して父と喧嘩《けんか》をしていた。

兄は、近所のスーパーで万引きをしたり、学校で喧嘩して誰かを怪我させたり、当時のベタな不良の格好、ボンタンを穿《は》いてそり込みを入れたり、世間並みにぐれていた。

今考えると、大した不良でもないのだが、ある時兄の部屋に入ると、部屋中に「べロのシール」が山ほど貼ってあった。

ザ・ローリング・ストーンズを知らなかった僕は、兄が何かの組織にでも入ったのかと思い一人震えたものである。

とにかく、そんな兄は、実際、近所での我が家の評判を随分と下げ、そういうことで荒れた家を立て直したという変な自負が僕にはあった。

因《ちな》みに、兄は地元の高校を卒業して、すぐに実家を出ていった。

あくまで〝偏差値〟というものさしで測った場合の話だが、特に良くも悪くもない、いわゆる普通の公立高校である。

五つ離れた兄弟なので、僕が中学受験に成功し、六甲中学に入学したころ、兄は出て行った計算になる。

大学も何校か受験したようだが、残念ながらその全てに落ちていた。

家を出てからの兄の足跡はなんとなくしか知らない。

何しろ長男である彼とは20年以上会っていないのだ。

最後に会ったのは、奇《く》しくも僕が引きこもっている最中である。

当時、父や母が時折こぼしていた愚痴をつぎはぎすると、一度実家を出た兄は、大阪で、新聞配達をしながら浪人し、大学を目指して勉強していたが、それも半年続かず、突然、「競艇選手になりたい!」と言い出した。

しかし、選手になるには、視力が足りなかった。当時はまだ珍しく費用も随分とかかる視力回復手術を受けるためにお金がいる、そんな兄からの金の無心の電話を、たまたま僕が親に取り次いだこともあった。

全く必然性のないお金を工面する両親。

兄に甘かった母が父を説得したのだろう。兄の視力は上がったが、試験には落ちたらしい。

その後、知り合いを頼って上京して働いている……そんな風に両親から聞いていた兄が、ある日ふらりと戻ってきたのである。久しぶりに会った彼を見て、僕は驚いた。

鼻と耳にピアスをし、頭は金髪。

日焼けサロンにでも通っているのか、肌はこんがりテカテカに黒くなっており、着ている洋服も、正確には思い出せないが、なにせ〝チャラ〟くなっていた。

地元にいた時も、それなりにやんちゃな感じの風貌《ふうぼう》ではあったが、しかし、それはあくまで、田舎の高校生が出来る範囲の、見よう見まねの〝不良〟、〝ヤンキー〟、あるいは〝それ風〟のレベルであり、今回は本物っぽかった。

そもそも、兄は非常に〝染まりやすい〟ミーハーな性質だったようで、先述の通り、頭に剃《そ》りこみを入れ、〝ボンタン〟の学生服のズボンを穿《は》いたりしたのも、「ビーバップ・ハイスクール」という漫画が流行《はや》ったからである。

とにかく、〝街金〟の舎弟のチンピラか、AV男優のような風体になって帰ってきた兄に、僕のみならず、家族もさぞかし困惑したに違いない。

驚くと同時に、兄の変貌《へんぼう》ぶりが滑稽《こっけい》で僕は笑ってしまった。

「人間ってこんなにも染まるものなのか」と。

〝ビゲン〟なんてめじゃない。

「まあ～！　綺麗《きれい》に染めはって～!!」……白髪が悩みのおばちゃんなら、そう言うだろう。

さらに、理由は良く分からないが、彼は何故か意気揚々とした雰囲気を漂わせていた。

特に、何かに成功したとか、そんなこともない。実際、職場をクビになり、食べるのに困って帰って来ていた。簡単に言えば、行って帰って来ただけである。

なのに、〝凱旋《がいせん》〟、〝故郷へ錦《にしき》を飾る〟と言った面持ちをしていた。

これが〝上京〟のなせるワザかと感心したものである。そりゃあ、その昔、コロンブスやマゼランが、民衆に持て囃《はや》されたはずだ。僕は別に兄を持て囃してはいなかったが。

実家を出る前と帰ってきた時とで、少なくとも僕の中では兄の価値は変わっていない。むしろ下がっている。

東京の空気感を、兵庫の田舎、地元に持って帰って来て、その〝差額〟で偉ぶっているだけである。

楽な商売だ。差額で儲《もう》ける商売にロクなものはない。

人気アーティストのライブのチケットを転売する輩と同じである。

とにかく僕は、「東京に行くと人間こんな風になるのか〜……」と思っていたが、よくよく聞けばそれも違った。

兄がいたのは相模原《さがみはら》だった。

東京に染まるならまだしも、神奈川県の相模原に染まって帰ってきたのであった。

兄が戻ってきたのにはもう一つ理由があった。

引きこもりになった僕を持て余した母が、何故か兄に泣きつき、

「順三をなんとかして欲しい」と頼んだのだという。

これ幸いと、帰って来た兄。

道理で偉そうなわけだ。

溺《おぼ》れる者は藁《わら》をもつかむとはこのことである。溺れさせたのは僕だが。

ちなみに当時の僕は、引きこもり生活の中で、ブクブクと太り始めた時期であった。

兄はそんなに背が高くなかったので、体重も身長も僕の方が上回っていたし、加えて、暇を持て余していた僕は、家に転がっていたダンベルなどで、ゴールのない筋トレに勤《いそ》しんでいたので、その成果か腕っ節が強くなっていた。

そんな中、とうとう衝突が起きる。兄が帰って来てしばらくたったある日。

確か、家の中でタバコを吸っている兄を、僕が見とがめたのが発端だった。

我が家では、父もタバコを吸っていなかった。

久しぶりに帰ってくるなり、傍若無人に振る舞う兄に無性に腹が立った僕は、彼にタバコを消すよううながしたのである。

喧嘩《けんか》になった。喧嘩と言っても、所詮《しょせん》、素人《しろうと》同士。

殴る蹴《け》るではなく、摑《つか》み合い、押しあいの無様なバトルではあったが、その時、僕は完全に兄を力で押さえ込むことに成功した。

勝った……そう思って、

「家の中でタバコ吸うなよ！　何カッコつけとんねん！　ボケ！」

と捨て台詞《ぜりふ》を吐いて兄に背中を向けた瞬間、後ろから彼が飛びかかってきた。

不意をつかれ馬乗りになるのを簡単に許した僕の顔面を、兄はこれでもかと言うほど殴ってきた。

五歳年上の長男としてのプライドを傷つけられ、逆上した彼は、何の手加減もなく拳《こぶし》を振るい続ける。

僕の鼻や口からは血がダラダラ流れ出て、両眼の周りも酷《ひど》く腫《は》れあがり視界が塞《ふさ》がっていた。

かくして、十二ラウンド延々殴られたボクサーのような顔面にはや変わり。

あとで鏡を見たら、E.T.そっくりの形状に顔が変わっていた。

しかし何より残念だったのは、〝押しあい〟の件あたりから、兄弟喧嘩を横で見物していた母が、一度も兄が僕を殴るのを止めずに黙って見ていたことである。

母は、全てが終わった後、一言、

「順三が悪い……」

そう言って立ち去った。

レフェリーってホントに大事である。

それ以来、僕の母に対する感情は取り返しがつかないレベルで、何かがゴッソリと抜け落ちてしまった。

今では、普通に電話で話したりもするが、当時は最悪であった。

勿論《もちろん》、そうなった根本は僕の引きこもりなのだが。

それからしばらくして、新しい仕事が見つかったからなのか、あるいは無心していた金が手に入ったのか、理由は分からないが兄は実家を再び出て行った。

それ以来、彼には会ってもいないし、電話で話したこともない。


話を戻そう。

父は「獅子《しし》は我が子を千尋の谷に突き落とし、自力で這《は》い上がって来た子だけを育てる」みたいな考え方がお気に入りだった。

実際、そのまんま口に出したこともある。

それを聞きながら、僕はおかしいと思ったものだ。

そもそも、その父自体がこの社会において、ちっともライオンでもなんでもないわけで、ならばその息子がライオンであるはずがない。自分のことをライオンだと思っているのかと、

「よ～恥ずかしげもなく言うなー……」と呆《あき》れていた。

確かに父は、自分の言葉通り、いつも上を向いていた。悪い意味で。

よく夕飯のときなどに、自分より年下の人間がドンドン出世していくことについて、「あいつは、仕事全然できへんのになんでや！」などとよく愚痴っていた。役所の中では、能力とは関係なしに、学歴重視で出世していく、そんなこともあったのだろう。

それだけに、父は、自分が高卒であるということを、結構コンプレックスに感じているのだと、僕は常々思っていた。自分の息子が、私立の進学校に通っているという事実は、思っていた以上に父の拠《よ》り所になっていたのかもしれなかった。

普通の子供なら欲しがる様々なものも欲しがらず、いつも優等生でいて、ご近所に羨《うらや》ましがられ、褒められるような、そんな「山田さんの家」にしたのは僕だという自《じ》負《ふ》があった。この家族に対して大きな「貸し」があるという感覚が、僕の中にはあっ

たのである。実際、両親もそれなりに自慢もして、気分も良かったのは間違いない。

それがである。

今まで遅刻をしたこともなく、皆勤賞で頑張ってきた息子が、たった一度、はじめて「休みたい」と言った途端にこの有様である。今までの、僕なりの努力は何だったのか？　こんなあっさりか？

とにかく、例の父のドロップキックで、それまで僕と学校、あるいは世間を繋《つな》いでいた細い細い最後の糸が、プチーンと切れた。そういう仕打ちをされたことで、引きこもることの正当性を獲得した気がしたのだ。ある種の被害者心理と言おうか。

なので僕の読みとしては、「学校に行かない宣言」から、しばらくは考える期間、猶予があるだろうと考えていた。

しかし、結論から言うとなかった。

大人になって思うが、明らかに両親はそういう事態への対処法が下手だった。魚がジッとして動かないと水槽をバンバン叩《たた》くタイプだった。

ヒキコモ・ライフスタイル

引きこもりになって、最初の約二年間は、実家で引きこもっていた。

先に簡単に説明しておくと、僕は、色々な場所で引きこもっている。

まず、実家での引きこもり生活の後、今度は、実家から少し離れたアパートで一人暮らしで引きこもり、その後、瀬戸内《せとうち》のとある島で引きこもり、その後、再び実家に帰って引きこもり、大検（大学入学資格検定）を取得し、大学に入る……そういう行程である。場所は変われど引きこもっているので、刑務所を転々と移送されているようなものだ。

それはさておき、引きこもり生活突入、その初日は、「父のドロップキック」から始まったわけだが、その後、いつまでたっても「夏休みの宿題」を片付けて学校に復帰する様子が僕に見られなかったため、両親、特に父との戦いの日々が始まる。

父は毎朝、なんとか僕をベッドから引きずり出そうとやって来る。

僕は僕で、とにかく、父が役所に出勤するために家を出る、その時間まで耐えればその日は学校に行かなくて済むということで、毎日抵抗していた。母だけになれば、「力ずくで」ということはない。

ただ、そうなると、次は母の嫌み攻撃が始まる。別に彼女が嫌いというわけではないが、うちの母はねちねち嫌みを言うことに非常に長《た》けていた。後に、父が浮気に走ったのも子供心に分かる気がしたものである。

父との戦いをしのぎ、朝飯にありつこうと階下に降りて行くと、早速母が、

「え〜ご身分やね〜！　高い授業料払てんのに学校も行かんと何様なん？」

子供だからといって、まったく手加減のない嫌み。全力投球の皮肉である。我が母ながら、これはもう素晴らしい。ある意味対等の相手と見なしてくれている。

夕方、父が仕事から帰ってくると、また、「もう知らん！　親の言うこと聞けんヤツは、今すぐうちから出て行け！」。父の方がワンパターンで、いなすのは楽だった。時には、あからさまに僕の分だけご飯が食卓に並ばないという「兵糧攻め」をされたり、色々とあったが、数週間もすると落ち着いてきた。

というのも、その辺の期間は、まだ学校に籍を置いていたので、親も、しばらくほっとけば、また僕が学校に復帰するだろうという希望を持っていた、というか十中八九そうなると踏んでいたのだろう。

もうひとつは、親が、担任の先生なんかにも相談して、登校拒否や、その辺のことについて、キチンとアドバイスがあったのもよかった。

後々親に聞くと、僕は知らなかったのだが、そういう「登校拒否児童」を持つ親の集まりなんかにも何度か参加してみたらしい。

とにかく、しばらくは静観してみましょうということになったようだ。

そんなわけで、一度しばらく休むからと、親とも話し合ってからは毎朝の父との格闘はなくなった。

それが良かったのか悪かったのかは分からないが、とにかく、表向き、そこまで追い込まれるようなこともなくなった。

が、僕は性来気遣いなところがあり、確かに今の立場上、これまでと同じように大手を振って家を歩き回るなんてことはできないなと思っていたので、自然と、家族を避けるようになる。

家族の方も、暗黙の了解で、僕が台所にいる時は、家族はいないという風に、互いに絶妙の距離感、間合いで暮らしていた。

そこまでの人生において、こんなに学校を休むことがなかったので、最初のうちはとんでもない罪悪感に襲われたが、それでじゃあ学校に行く気になるかといえばそんなことはなかった。

昼夜逆転の生活

ずるずる休んで、しばらくすると、引きこもりのライフスタイルが固まってくる。

基本、昼夜逆転の生活である。

そもそも、引きこもりつつ、日中《にっちゅう》、家族との接触を避けるのは非常に難しい。

大邸宅ならいざ知らず、学校の友達から〝体育倉庫〟と揶揄《やゆ》される様な狭い我が家でのこと。

これはかなり難易度の高いゲーム……〝平安京《へいあんきょう》エイリアン〟や〝パックマン〟どころの話ではない。

家族だけではない。

昼間起きていると、たとえ体は家の中にあり、外の世界と遮断、隔離されていても、娑婆《シャバ》の〝活気〟が侵入してくる。それを防ぐことは容易ではない。

部屋の窓のわずかな隙間や、空気取りの換気口から、道を行き交う人々の気配、笑い声、学校のチャイムの音などが、それこそ放射線のように入り込んできて、脳が感知し、結果、自己嫌悪に苛《さいな》まれることになる。

引きこもっている最中の人間のメンタルは、知覚過敏の歯と同じ……ことあるごとに〝沁《し》みる〟のだ。

用事がある時以外は二階にある自分の部屋からは一歩も出ない。部屋を出るのは風《ふ》呂《ろ》、トイレ、飯の時くらいで、あとはずっと自分の部屋である。

家族が寝静まった頃、そっと階下に行き、まずは食料の物色である。特に、そうされていたわけではないのだが、家族と食卓を囲むのが気まずかったので、極力ご飯は一人で食べていた。冷蔵庫や、戸棚を漁《あさ》り、食べ物を確保する。

そしてテレビのある部屋に行き、朝まで、家族が起きて来る時間まで徹夜でテレビを見て過ごす……遅かれ早かれそういうサイクルに落ち着く。

同じ家に居ながら、自分だけ地球の裏側にいるような生活。

非常にありきたりな言い方になるが、まさに吸血鬼、ドラキュラのようなライフスタイルである。

まさに、僕が引きこもっていた自室は棺桶《かんおけ》であった。

「なんて不健康、不健全な生活なんだ！」

「悪循環に陥っている！」

と直ちに断罪されそうだが、引きこもっている人間にとって夜は最高である。

夜、人々は寝静まり世界は停止する。

昼間どれだけ学校や会社で、競い、争っていても、夜だけは休戦。

(とりあえず、今は誰も頑張っていない……自分と同じように)

頑張っている、前進している人間がいないというのは、人生を立ち止まってしまった人間にとってとてつもない安心感をもたらす。

勿論《もちろん》、夜中も頑張っている人間はいるが、昼間に比べれば圧倒的にその数は少ないだろうし、そもそもそんな時間まで〝頑張っている〟輩《やから》には、どのみち勝ち目などない。

人に会う危険のない夜だけは、意を決し、外に出ることもあった。

調子のいい日は、ジョギングをしたりも。

週に一度くらいだが、それでも当時の僕にとっては、実行し得る数少ない前向きな行動、その選択肢の一つだった。

「引きこもりなのに、ジョギング?」

いやいや、田舎のベッドタウンでのこと、そんな深夜に人通りはまったくない。たまにあっても、そういう時は物陰に隠れてやり過ごした。

とは言え、与えられた時間はそう多くはない。

夜中零時付近だと、終電で帰ってきたサラリーマンの類《たぐい》に出くわす可能性がある。かといって、季節によっては空も白みはじめる、朝方四時、五時近辺になると、新聞配達の方や、それこそ僕と同じジョガーに遭遇する確率が格段に上がる。

まあ、〝同じジョガー〟と言っても、彼らは実際は僕と真逆で、部活を頑張っている早起きの学生とか、健康を気にしている大人達とか、いずれにせよ、人生が充実しており、前向きな気持ちで溢《あふ》れている、〝ポジティブ世界〟の住人。

その中でも〝本日のランキング一位〟みたいな人種であり、そういう人間が蠢《うごめ》きだすと、これはもう、〝危険〟である。

そんな時、外でうろうろしようものなら、たちまち彼らの餌食《えじき》となる。

彼らの〝活気〟や〝順調〟を感じてしまったが最後、自己嫌悪をつかさどる脳の部分が活性化し、僕を苛《さいな》みだすからだ。

自分のせい。

しょうがない。

いずれにせよ、僕が自由に地上を動き回れるのは、深夜二時～四時という非常に限られた時間しかなかった。

深夜二時のジョギング……ただただ、〝正気を保つため〟に走る。

それでもやらないよりはましだ。

〝焼け石に水〟だとしても、少しは熱もさめる。

田舎の住宅街の深夜二時。

家の近所のブロックをグルグルと周回するコースを三十分～一時間ほど走る。

走っている間だけは、「自分は前向きな事をしているんだ」と安心できた。

ある時のジョギング中。

深夜の静謐《せいひつ》な住宅街に、急に「ジャラジャラジャラ」という金属音が鳴り響き、次の瞬間、体の側面、脇腹の辺りに衝撃が生じて、僕は横っ跳びに吹き飛び、車道と歩道を区切っている、植え込みの中に無様にも頭から〝刺さった〟。

余りの突然の出来事に、僕は、誰かがドッジボールをぶつけて来たのかと思ったが、こんな時間にドッジボールが出来るだけの酔狂な人数が集まるわけもない。

管理している人間が真面目なのだろう、丁寧に刈り込まれ枝先が鋭利になっていた植え込みのおかげで、腕や顔面に、〝バッファローマン〟さながらの沢山の切り傷を作った。

見ると、家の中から鎖が伸びており、その先っぽには、馬鹿でかいドーベルマンがくっついていた。

低く唸《うな》りながら、こちらを睨《にら》みつけている、その冥府の番犬、ケルベロス並みの大型犬は、繋《つな》がれてはいるものの、その体は完全に歩道の所まで出ており、おそらく閉め忘れたまま寝てしまったのか、両開きの鉄の門扉が、家の内側に向かってあんぐり口を開けていて、そこには少しもその役目を果たさなかった、「猛犬注意！」の札もぶら下がっている。

お前が注意せー。

僕は被害者であるにも拘《かかわ》らず、盛大な物音で、家人が起き出してこないかとパニックになり、今までのジョギングのペースをはるかに上回る、ラストスパートの速さで自分の家に逃げ帰った。

ちなみに、その家は、〝紫舟《ししゅう》先生〟という女性書道家が住む家であった。

勿論、名前はあったのだろうが、近所では〝雅号〟で通っていた。

彼女は自宅で教室を開いていた。

僕は習っていなかったが、兄がその習字教室に通っていて、幼稚園だか小学校一年生くらいの時分は、たまに付いて行ったりしていた。

先生は小さな子供が来ると、教室の生徒ではなくとも、お菓子をくれたりして優しかった。

そのお菓子目当てで、その家によく遊びに行っていたのだが、ある時、先生の家の裏手、勝手口の脇に、墨汁がなみなみと入った一斗缶を見つけた。

業務用の油のようなヤツである。

何を思ったのか、小学生の僕は、その墨汁で紫舟先生の家の裏側一面を、真っ黒に塗り潰《つぶ》すという悪魔教の信者のような悪戯《いたずら》をしたことがあった。

先生にしてみれば、お菓子をあげたのに悪戯をされるという、「約束が違うハロウィーン」のような不運である。

運よく誰にも見つかることなく悪戯をやり遂げ、家に帰ったが、後日両親が話しているのをそれとなく聞いていると、一応、警察も調べに来たらしい。

僕はそれ以降、紫舟先生の所には、二度と寄り付かなくなった。

お菓子は魅力だったが、逮捕されるのは勘弁である。

ドーベルマンが飛び出してきた家は……その紫舟先生のお宅だった。

僕の悪戯で、用心のために犬を飼いだしたのか、あの時飼いだした犬がはたしてそんなに長く生きていられるのか……その辺は分からないが、僕の中で出来事達は結びつき、意味を持ち、〝因果応報〟とはこのことだと強く感じた。

その後しばらくは唯一の楽しみ、ジョギングも出来なくなり、僕は益々《ますます》引きこもることになる。

白い豚と少女

対人恐怖症の気があった。

この生活の中で岩崎恭子《いわさききょうこ》選手のオリンピックなんかも見たのだが、特に何かのきっかけにはならなかった。同世代の人間が金メダルを取って、それを自分の境遇と比べて、精神的苦痛を覚えただけだった。

家族が朝起きて来ると、食べ物を持って自分の部屋に戻り、寝る。昼過ぎに起きて来て、なにをするでもなく、本を読んだりしながら過ごす。

ルーティンを乗り越えて、見事勉強に辿《たど》り着けた日は、ちょっと頑張って机に向かう。

あとは筋トレ。若いのに引きこもっているものだから、ストレスが溜《た》まる。父の部屋に転がっていたダンベルで体を鍛える。調子が良ければ、両親の小言を聞きながら一緒に夕ご飯を食べる。消化にはすこぶる悪いが致し方ない。我慢のしどころである。

そして、風呂《ふろ》に入り、また部屋に戻る。

そんな生活だから、僕はドンドン太っていった。

その頃、僕は、段々と服を着なくなった。もちろん家の中でのことだが。金持ちセレブキャラのなんとか姉妹が、「うちでは裸ですの」と言ってるのとはわけが違う。ぶくぶく太ってきて、今まで着ていた服のサイズが合わなくなってきたこともあって、服の締め付け感がとてつもなく嫌になり、パンツ一枚残して、ほぼ素っ裸で生活するようになる。

もうこれは「奇人」である。

毎日、学校に行かない太った中学生が家の中を裸同然のパンツ一丁姿でうろうろする。さぞかし家族も気が滅入《めい》ったに違いない。

たまに、二階の自分の部屋の窓から屋根に出て、日光浴を楽しんだりもした。ずっと家の中にいて、全く日に当たらないので、僕は太ると同時に真っ白になっていた。白豚である。

今までスポーツも部活なんかでしっかりやり、引き締まって、日に焼けた風貌《ふうぼう》だったので、その時の自分の醜い姿に耐えられなかった。少しでも改善したかったのだ。

自分の計算では、屋根の上に寝転がると、ちょうど周りから死角になっていて安心だと思っていたのだが、どうも何軒かのお宅からは、パンツ一枚の男が屋根に寝っ転がって日光浴している様が丸見えだったらしく、しばらくすると、回覧板が回ってきて、そこには、「下着姿で屋根に寝そべるのはやめましょう」という回覧板史上初の注意が書いてあった。完全にうちのこと、というか僕のことである。町内にそんなお宅が何軒もあるはずがない。

我が家の隣には、僕より二つか三つ年下の女の子が住んでいた。

色白で、都会的な雰囲気を持つとても可愛い女の子で、彼女だけではなく、その一家全員が、僕の住んでいた町ではあまり見かけない、洗練された空気をまとっていた。彼らは確か、僕が小学校四年生の頃に、東京から仕事の都合でやってきたということだった。

このお隣りさんとの付き合いは、我が家には珍しく、ひじょうに上手《うま》くいっていた。僕は、隣の家に美少女が住んでいるという、漫画チックなその状況に、毎日のテンションのベースが彼女分だけ一つ二つあがっていた。

中学受験から、六甲中学に通っている時期などに、たまに庭先や、通りで彼女に会うと、尊敬の眼差《まなざ》しを向けられたものだ……少なくとも僕はそう受け取っていた。

当時の僕は、その〃神童感〃ゆえの自信からか、フィルターの目が細か過ぎて、どんな些細《ささい》な好意も逃さない特殊な脳ミソをしていたのである。

要するに、自意識過剰だった。

僕の部屋も、彼女の部屋も二階にあった。

お互いに面していて、丁度、部屋の窓と窓が同じ高さである。

部屋に居ても、見るともなしにたまに目が合うこともあり、そういう時は、ニコッとお互い会釈をしたものだ。

が、僕が奇人と化してからは、そちらの窓はカーテンが固く固く閉ざされたままになった。

パンツ一丁の男がうろうろしているのが窓から見えたらそりゃ……理解できる。

若い娘を抱えるご家庭にとって、それはもう恐怖と言ってもいいだろう。

自然と家族ぐるみの付き合いもなくなった。

悲しき望遠鏡

そのうち、両親が激怒して、屋根での日光浴はできなくなった。

たまに昼間や夕方に起きていると二階の自分の部屋の窓から通りを眺めるのが常だ

った。基本的に雨戸を閉め切って生活していたのだが、通りに面した窓だけは、横にスライドするタイプの雨戸を細く細くあけて、そこから外の世界を観察していた。

家の前の道は、丁度通学路になっていて、登下校する小学生、中学生、高校生、いろんな学生を見ることができた。

もちろん、近所で顔見知りの人間や、小学校時代に仲の良かった友達も通る。

それを見ながら、「ああ、あいつ真っ黒に日焼けして！　海でも行ったか？　部活頑張ってるのかな？」とか、「うわっ、あの子えらい背伸びたな〜！」とか、時には、中学生の男の子と女の子のカップルが歩いていて、「あいつら付き合ってんのか？」などと、自分に関係ないことで、胸をときめかせたりもした。

ある意味、「神の目線」である。

が、そういう観察は、結局のところ、「それに比べて自分は……」という、「ブーメラン」となって、自分に返ってくる。それがまた精神的に辛《つら》かった。

それでも外を見ることを、それが今や、世界との最後のつながりだったので、やめることができなかった僕は、さらに歩みを進める。

小学校五年生の時に親に買って貰《もら》った、僕の持っている唯一の高額商品、「天体望遠鏡」を使っての観察を始めたのである。それは、物をまったく買って貰わなかった自分にとって、唯一の誕生日プレゼントらしいプレゼントだった。といっても二万円もしないくらいの簡易的なものだったと思う。

なぜ望遠鏡を買って貰えたかというと、それもやはり、勉強というか、宇宙に興味がある的な、「教育」に関係するものだったからである。

買ってもらった当初は、月のクレーターや、小さくしか見えなかったが、土星の環《わ》などを見て、それなりに感動した。ゆくゆくは、天文学者か宇宙飛行士になろうなど と、ボンヤリ考えたものである。

そんな、かつては、高く天を仰ぎ、数々の宇宙の神秘を見せてくれていた一メートル弱の望遠鏡は、今や、その持ち主である僕と同じく、うなだれ、うつむき、下を向いて家の前の通りばかりをのぞいていた。

以来、その望遠鏡は二度と空を見上げることはなかった。

例によって、ほどなく、ご近所からクレームが来て、またまた激怒した父に、望遠鏡の三脚の部分、アルミ製か何かだったと思うが、それを怒りにまかせてクニョンクニョンに曲げられ、僕の観察生活も幕を閉じる。

そんな毎日を二年も続けたのだ。

それらの出来事で、町内での僕の「奇人」ぶりはまたさらに存在感を増してゆく。

近所のおばちゃん達は、本当に噂好きな品のない人達ばかりで、まあ、あくまで僕の偏見ではあるが、引きこもっている中、よく母から、「○○さんに嫌み言われたわ！　恥ずかしいわ〜！」などと度々言われてもいたので、あながち間違いではないだろう。ああいう人間がワイドショーの視聴率を支えている。

とにかく、中学受験の時、町内にビラを撒《ま》かれたほどの神童だった僕は、今では近所でも噂の「鼻つまみ者」「変人」、もっとはっきり言えば、「勉強し過ぎて頭がおかしくなった子」になっていた。

今なら、ゴシップツール、SNSが発達しているから情報としてはもっと拡散され、そのスピードも速かったろうが、当時はそんなものはない。ないが、その代わり、お互いの顔が見える、血の通った悪口がメンタルの急所を狙ってくるのである。その方がしんどい。

母親は、僕の引きこもりを機に明らかに近所付き合いが減っていた。何か色々言われたのだろう。かわいそうなことをした。

とにかく、僕の変化のギャップ、ビフォーアフターが凄《すご》過ぎて周りがついてこられなかったのだろう。絵に描いた様な転落ドラマである。おばちゃんたちの気持ちも分からないでもない。

人は自分が頑張って絶対的に幸せになるより、他人の不幸で相対的に幸せ感を得る方がお手軽だし好きなのである。

変化について行けてないのは何も周りだけではなかった。自分自身もである。

その頃の僕は、「本当の自分はこんなんじゃない！　これは仮の姿だ！」とベタな逃避思考に陥っていた。

というのも、学校に行かず、家に引きこもり、そんな生活の中ぶくぶく太って、日に当たらないから真っ白で、白豚みたいになってはいたが、例の神童感というか、これまでのプライドを捨てきれないでいたので、自分が頭の中で思っている自分と、鏡に映る姿形や世間からの評価との間で、凄《すさ》まじい乖離《かいり》が生じていたのである。

言うなれば、着ぐるみを着ているような感覚。

これを脱いだら、あの「優秀な山田君」にすぐなれるけど、別に今は、あえてこれを脱がないだけなのだ。みんなアホやな〜背中にチャックがあるでしょう……中の人は俺やのに……山田君は相変わらずここにいますよと。

六甲学院の友人や先生も、引きこもり始めて最初のうちは、どうにかして僕を部屋から連れ出そうと、何度か様子を見に我が家を訪れたことがあった。

もはや、〝天岩戸《あまのいわと》の神隠れ〟である。

我が家は、学校や、彼らの自宅からはかなり遠い。にもかかわらず、わざわざ来てくれたのだから、あの人達は、本当に僕を心配してくれていた友人であり恩師だったに違いない。

しかし、当時の僕は、「なんや？　あわれな同級生の見舞いに来て点とりか？」とか、「あーあー、来てどうすんの？　迷惑やわー！　笑いに来たか？」とか「そもそも、俺のこの現状を、何とかできると思ってる時点でおこがましいわ！」とか思っていた。なかなかのクズである。

所詮《しょせん》、自分ではない、本人ではない、他人に分かるはずもない……そう思ってすべてをシャットアウトしていたのである

彼らの訪問を、僕は〝お見舞い〟と呼んでいた。

別に病気ではないので、お見舞いというのは不適切かもしれない。

しかし、彼ら訪問者が漂わせる雰囲気は限りなく病人に対するそれだったので、やはりお見舞いという表現がしっくりくる。

「順三、大丈夫か？　頑張れよ‼」

そんな風に声をかけてくれても、当時の僕には届かなかった。

むしろ、

「人間が人間に、こんな風に声を掛けるとき、そこには間違いなく優越感が存在する。自分より下、自分より上手《うま》くいってない人間、そういう相手であればこそ〝励ませる〟のだ。〝励まし〟と水は、必ず高きから低きに流れるのであって、その逆はあり

得ない……」

そんな風にしか思えなかった。

末期状態である。

先生が来ると、たいがい、両親と何やら話し込んだ後、僕の部屋にやってきて、

「ゆっくり考えて戻ってくればいいから……」

「山田君ならすぐに追いつけるから！　先生もみんなも待ってるから！」

というようなことを告げて帰っていくのが常だった。

そんな中、僕たちの体育の授業を受け持っていた先生がやってきた。

彼はバレーボール部の顧問もやっていた。

バレーボールの顧問なのに、〝背が小さい〟という出オチ的容姿を持つ男性で、僕の記憶では、おそらく160センチもなかったと思う。

中学生とは言え成長期。彼より背の高い生徒はザラにいた。

いや、生徒達のほとんどより小柄な先生だったが、持ち前の体育会系の〝ノリ〟が皆に好評で、熱血教師と慕われていた。

僕は、サッカー部で、彼と会うのは体育の時間だけだったので、そこまで親密でもお馴染《なじ》みでもなかったのに、何故か先生が我が家にやってきたので、正直戸惑っていた。

先生は、いつもの熱いノリで、気乗りしなくてグズる僕を、半ば強引に外に連れ出した。

彼の車にのって、人気のない、山の中腹の見晴らしのいい丘のような場所に到着。

田舎のことである。少し車を走らせれば、そんな場所は腐るほどあった。

先生は、色々と熱心に語ってくれたが、

「なにも勉強だけが人生じゃない‼　頑張れ‼」

要約すればそんなことだったと思う。

今まで、我が家に訪れた他の先生は、基本的に、僕が学校に復帰することを前提として話をしていた。

しかし、この体育教師は違った。

唯一僕に、勉学の道以外にも人生には可能性があるのだと語ったのである。

僕は、(そうか！　何も勉強だけが道じゃないんだ！)とは……思わなかった。

反対に、ムカついていた。

「あっ、この人、俺が学歴社会で成功すること、もう諦《あきら》めてる……その可能性否定している」

そんな風に感じたのである。

いずれにせよ、熱血をもってしても、僕が引きこもりをやめることはなかった。

人生が余ってしまった

この二年の間に、苦し紛れに高校受験もしてみた。ウンコの件もあって、六甲学院にはもう戻りたくなかった。

しかし、ここでも中途半端なプライド、神童感が邪魔をする。

本当に、滑稽《こっけい》な話だが、「かつてビラを町中に撒《ま》かれた自分が、下手な高校は受けられへん！」という、妙な気持ちが湧きおこり、引きこもっている最中、地元の公立の進学校と、高知県の名門私立を受けてみたが、何にも勉強していないので当然落ちた。

高知県の私立にいたっては、出かけたものの、結局試験も受けずに逃げて、ホテルでペイチャンネルを見て、カツオのたたきを食って帰って来ただけである。返す返すもクズである。

高校受験に失敗し、留年して六甲学院に籍を置かせてもらい、中学三年生を二回やった後、といっても学校には行かなかったのだが、結局やめた。

晴れて、中卒になったわけだ。

もはや、自分の人生が何が何だか分からない状態で、「なんか人生が大分あまってしまったな〜……」という心境だった。それまではまだ、中学に在籍していることで、親からのプレッシャーをゆるめ、なんとか実家で何もせずに引きこもれていたのだが、もうそういうわけにもいかなくなった。

「働かざる者食うべからず」ということで、バイトを始めた。

もちろん、外に出て人目に晒《さら》されるのはとてつもない苦痛ではあったが、父の言うことは絶対だった。

僕は、「ハイハイ、そのパターンね！　アホやなー……厳しいのがええと思ってるんやろけど、それは俺の性格には合わへんからな！　ゆったりさせてくれたら俺はちゃんとやるのに……」とか思っていた。本当にタチが悪い。

バイトをしていて、まず辛《つら》かったのが音楽である。

僕が働いていたコンビニでは、営業時間中、延々とひっきりなしに、ノンストップで有線が流れていた。チャンネルの都合なのか分からないが、その有線では、当時のヒット曲がガンガン流れてくる。若者に向けての、恋愛ソングや、ポジティブなメッセージが込められたヒット曲の数々……これが辛い。ポジティブなメッセージの押しつけがひどいのである。

こちらの状況などお構いなしに、「前向き」を押し付けてくるからたまらない。すべての人間に三河《みかわ》武士のような生き様を強要してくる。そもそもこちらは後ろを向いて生きているのだ。

引きこもっている人間には、その手の歌はもはや説教にしか聞こえない。彼らも彼らで、そういう能天気な資質をもともと持っている人間なのか、あるいは業界の、大人の諸事情があるのかは知らないが、メッセージを込めずにいられない。

引きこもりという、人生を立ち止まった人間に、それらの歌はメッセージのカロリーが高すぎ、刺激が強すぎるのである。

本当にしんどい人間は、歌も聴けない。胃が受け付けない。必要なのはお粥《かゆ》みたいな歌である。

バイトを終えて帰る頃には、自分はなんて無価値な人間なんだ、みんなが普通にやっていることがなんでできてないんだ、なんでこんなドツボにハマってるんだ、と自己嫌悪の怪物になる。

自転車で我が家から五分くらいのコンビニだった。家から近いということでそこを選んだのだが、それがまずかった。小学校時代の友達、顔見知りが店を訪れる危険性があった。案の定、ほどなく僕は彼らに発見される。

そもそも、中学に入った時点でそれまでの地元での人間関係は消滅していたが、小さな町のこと、僕が六甲学院中学に入り、何故か留年し、今自宅で奇人と化していることは、みんな知っていたはずである。主婦たちの無責任な伝言リレーによって、尾びれ背びれが付き、最後に聞いた人間は一体どんな話を小耳にはさんでいたのか……考えるだけでもぞっとする。あくまで自分の妄想だが、当たらずとも遠からずといったところだろう。

何の準備も武装もしないまま、無理矢理社会に出され、毎日緊張状態であったが、一緒に働いていた人が、最近この町に引っ越して来た、ご近所事情をよく知らないおばちゃんだったので、特に根掘り葉掘り聞かれることもなく、僕にとってはそれがありがたかった。

大変だったのは、夕方。

大体お昼前から、夕方過ぎまで働いたが、その時間になると、近所の高校の生徒達が、そのコンビニを訪れる。家の近所ということは、その生徒達の中には、当然知り合いもいて、小学校の時の同級生なんかにもよく会った。

最初のうちは、その時間を在庫の整理に当てたりして、裏に回って隠れてしのいでいたが、毎日そんなこともできない。おばちゃんだけに接客を押し付け、負担もかけてはいられない。

ある日、雑誌コーナーで、本の整理をしていると、

「やまっち!?　やまっちやろ？」と声を掛けられた。

見ると、そのコンビニに近い、公立高校の制服を着た男が立っている。

「久しぶりやなー！　えっ？　何してんの？」

申し訳ないが、誰だかまったく分からなかった。分からなかったが、僕のことを「やまっち」と呼ぶのは、小学校の同級生だけだ。

そんな僕の怪訝《けげん》な雰囲気を察したのか、気まずさからなのか分からないが、彼は矢継ぎ早に、小学校の時、同じクラスだった○○だ、運動会の時ああだったこうだったなどと、大量のヒントを与えてくれたのだが、分からなかった。

何より僕は、今の、こんな状況を大変惨めに思っていたので、それを見られた、見つかったことに、体が震えてくるほどの恥ずかしさを感じ、何も答えられなかった。屈辱である。なんとなく、小学校時代の友人だとは分かったが、名前も何も思い出せなかった。明らかに当時の僕がエキストラに分類していたであろう男だ。

そもそも、僕は六甲学院中学に行ってからというもの、小学校時代の知り合い、友人とは縁を切っていた。縁を切るというか、そこまで能動的にではないが、そもそも会う機会がなかったし、たまに学校の帰り道、地元の駅から家に向かって歩いていると、知っている顔とすれ違うこともあったが、僕は例の神童感があったので、向こうの視線は感じていても、こちらから話しかけることもなかった。向こうも見たことのない制服を着ている僕に半ば畏怖《いふ》の気持ちを持っていたのか、遠目で見て来るだけで話しかけて来なかった。あくまで僕の妄想だが。

たまたま話をすることがあっても、何か鼻持ちならない返しをしていたに違いない。

因果応報。

向こうは部活の帰りなのか、大きなスポーツバッグを肩からぶら下げていた。普通にいろいろ経験し、普通に大人になっていっている、そんな感じの普通の人間だった。しかし、その普通がその時の僕には、言うなれば「東大生」くらいの高みに感じられた。

外を見ると、彼と同じ制服を着た、同じ高校の生徒であろう、数人の男女がこちらを見ながらニヤニヤしていた。

やられた。

こいつは、勇敢な偵察隊というわけだ。おそらく、誰かがコンビニで働いている僕を見つけたか、誰かの親が気がついたのかそれは分からないが、とにかく嗅《か》ぎつけて、物見遊山気分で見学に来たのである。小さな町のこと、退屈な田舎にあって、身近な人間のスパイシーな転落ドラマ。

偵察の男は、少しでも自軍に有益な情報を持ち帰ろうと、尋問を続けてくる。

「やまっち、なんかめっちゃカシコイとこ行ったんやろ？　あれ？　なんでこんなとこおんの？　学校は？」

明らかに、多少なりとも予習してきた感じがあった。完全に知ってて聞いてきている。

学校や、それぞれの家の夕飯時などに、ゴシップネタとして喋《しゃべ》られていたに違いな

い。山田さんちはボロボロだ。それに比べりゃ、うちは上手《うま》くいっている、安心安心、

お母さんご飯お代わり！……である。

何か言い返さなければ。家族全員が屈辱を浴びている、そんな気持ちになっていた。

僕が何か言わないと。

腹も立っていた。

こっちはお前のことなど覚えてもいないのだ。

「くそっ！　世が世ならお前らみたいなモンにそんな口利かれる筋合いないんじゃ！」

まあ、当時の状況に鑑みて、大目に見てもらいたい。

「これはあくまで、世をしのぶ仮の姿だ。暴れん坊将軍とか、遠山《とおやま》の金《きん》さんとか水戸《みと》

黄門《こうもん》とか、そんな感じなんや！」と思っていた。本気で例の着ぐるみを脱げたら……

強くそう思った。

そうでも思わなければやってられなかった。この、思い込みの逃げ道がなければ、

本当の話、死んでいたかもしれない。

とにかく、屈辱だった。かつて、絶対に、僕の方が学校の成績も運動も何もかも上

だったはずである。それがこんな生意気な口を利かれるなんて、全て知った上で見透かされ、観察されるなんて、本来あってはならない。

僕が何とか絞り出した答えはこうだった。

「いや〜……実は、もう勉強全部終わってん！　だから暇やからバイトしてんねん！」

勉強全部終わってん……意味が分からない。もし自分がこれを言われたら恐怖すら感じる。

自分としては、勉強の進むスピードが速過ぎて、すでに君たちより先にすべて学び終えたのだよ！　という「かまし」だったのが、彼の顔を見ると、意味が分からずドン引きしている表情と、こいつ嘘ついてるわの表情がないまぜになった、要するに、痛いヤツを見る目になっていた。失敗した。

翌日から、定期的に同年代の高校生達が、僕を見学に来て、遠巻きに眺めてはクスクス笑うということが続いた。ちょっとした観光スポットである。

おまけに、主婦の二人連れみたいな客が来て、こちらをチラチラ盗み見るようなことも頻発した。

店の売り上げに貢献していたかもしれないと思えるほど、僕目当ての客が増えた。

そんな状況が続いて、屈辱に耐え切れなくなった僕はバイトをやめた。

親には、「ほんま続かんね〜！　情けない！」、「もう学校も行ってないねんぞ？

働け！　お前みたいなもんに飯食わせる義理ない！」などと言われたが、その時も、「こんなに優秀な俺に、ただただ働けて……もったいないと思わんのか？　この才能を！……アホやな～……」とか思っていた。救いようがない。

結局、しばらくして、実家から少し離れた隣町で一人暮らしをすることになった。この頃になると、母がもう僕と一緒にいることに耐え切れなくなったようで、とにかく家を出て行ってくれと懇願されたのだ。

唯一の救いは、そのアパートの近所のコンビニならバイトしていても知り合いに会わないということだけだった。

愛人の味

アパート暮らしが始まる少し前、実家で引きこもっていた頃。一人暮らしをする直前だったろうか。家族で夕ご飯を食べていると、電話がかかってくる。

「順三とってー」

一番電話に近い席の僕に母が言ってくる。

この時期は、苦し紛れに高校受験をするということで、家族で食卓を囲むことを許されていた。

「もしもし？　山田ですけど？」

受話器の向こうからは何も聞こえない。間違い電話かと思い切ろうとすると、突然、音楽が流れてくる。当時流行《はや》っていたドラマの主題歌のCDだろうか。それがしばらく流れた後、電話は向こうから唐突に切れる。

そんな不可解な電話が狙ってなのか、必ず食事時にかかってくるということが何日か続いた。

怪訝に思った母に問い詰められ、父はあっさり白状することになる。僕は知らなかったが、これまた電話で、母に直接、女性からの宣戦布告もあったようだ。その後、いろんな食べ物や飲み物が我が家の茶の間の宙を飛びかい、怒号に満たされたがよく覚えていない。電話は父の浮気相手からの攻撃だったのだろうが、そうなると、父とその女は、普段、「カーンチ♥」とか言って『東京ラブストーリー』ごっこをしていたのか？　考えると笑えてくる。

とにもかくにも、この件で、浮気がばれて以降、父はしばらく車で寝る生活になり、その権威はダダ下がり、我が家は崩壊へと向かっていく。

母が趣味で作っていた、紙粘土の人形の首がすべてなくなっているという恐ろしい事件も起った。母本人の仕業である。諸々《もろもろ》の腹いせにもいだのだろう。

ある日、台所に行くと、母が鍋《なべ》で何か煮ていた。肩越しにそれを覗《のぞ》き込むと、白い丸いものが大量に浮かんでいたので、僕は反射的に、「人形の首を煮てる!!」と思い、ゾッとしたが、よく見ると卓球の凹《へこ》んだボールを煮てポコンポコンと直していただけだった。

母は趣味でずっと卓球をしていた。

その時は、それで安心したのだが、後日、また父との壮大な喧嘩《けんか》が始まり、そこで母が「それならあたしも卓球教室の先生と浮気してやるわ！」と叫んでいるのを聞いて、再びゾッとした。

話を戻そう。一人暮らしである。

バイトしていると言っても、それ以外の時間はずっと家に閉じこもり、上手《うま》くやればバイト先の店長にしか会わなくて済むような生活であった。住んでいたアパートはボロボロだった。その代わり、家賃も自分がバイト代で払えるくらいの物件であった。

今頃、父や母や弟は、家であったかいご飯を食べているだろうか、同年代の子達は、楽しく毎日を送っているんだろうな……などと考えると、自然と涙がしみ出してくる。そして、随分「余ってしまった」自分の人生の敗戦処理など考え始めるともう駄目であった。

もう勝ち負けの決まった終わったゲームを続けなければならない理由などないので

ある。将棋でも、何手も先を読んで、潔く早々に「まいりました」をするではないか。一回表で30対0で負けてるのに、最後までモチベーション高く試合ができるだろうか。否である。

時々、父が様子を見に来た。母は一度も来なかった。

父はよく、一人暮らしでちゃんと食べているか心配してくれていたのか、何かしら手料理を持ってやって来た。容器に入ったそれらの料理をつまみながら、これからどうするのか？　社会は厳しいんやぞなどと、通り一遍の説教をし、僕はそれを聞いているふりをするという不毛な食事であった。

父は料理などできなかったので、その容器の手料理の数々は、当然母が作ったものであろう、やはりなんだかんだ実際に来なくても、こういう形で心配してくれて、料理を作り、息子の体のことを考えてくれているんだと思うと、ありがたかった。

僕は当時、肉じゃがが大好物で、さすが母である、容器にはよく肉じゃがが入っていた。家で食べたものより美味《おい》しく感じた。離れてこそ分かる味、今のこの環境も影響しているのだろう。これこそがおふくろの味だ。そう思った。

ある日、アパートにやって来た父の後ろを見ると、女性が立っている。

「えっ？　誰？」

聞くと、何やらおどおどしながら、これこれこうで、会社の部下の○○さんだ、みたいな説明をしてくる。

後ろの女性も、父の説明にうなずきながら、一通りそれが終わると、

「順三君？　はじめまして○○です……これよかったら食べて！」

そう言って差し出した、「容器」に見覚えがあった。

開けると、案の定、肉じゃがが入っていた。

「……マジか？」

一応念のために、指でとって少し食べてみる。

「マジか？」二回目。

父が差し入れで持って来ていた、何度かこのアパートで食べたことのある味だった。

やりやがった。

いや、別に母に対する義理立てなどではない。そんな正義感などハナから持ち合わせていない。

ただただ、まんまとつかまされた感じと言うか、舐《な》められてる感じというか、父が今この瞬間、僕の目の前で女に対してちょっと照れてる感じというか、関西で言うところのちょっと「いきってる（いきがってる）」感じというか、それらのことが総合的に「ムカついた」ので、それと分かるやいなや、ダダーッと走って便所まで行き、「こんなもん食えるかー！」と、容器の中身を和式の便所に叩《たた》きつけ、足でレバーを

グイッと踏みつけ、水に流してやったのだ。

ボロアパートの、貧相な勢いの水流にじわじわと流されていく肉じゃがだったもの。水流によって各素材に分解されていくそれを見ていると、細かく砕いたピーナッツらしきものが目に入り、

「あっ、あの、そこはかとない香ばしさの秘密はこれ!?」

などと場違いな食レポを心の中でやりつつ、しかし、次の瞬間、料理上手な父の愛人の叫びで我に返った。

「なによこれ!!　ひどい!!」

引きこもりとなり、傷ついた上司兼彼氏の息子さんを、わざわざ慰めに来た自分が、ここまで盛大に拒絶されると思っていなかったのか。人間は、勝手なもので善意は拒絶されないと思い込んでいる。今回のような圧倒的に善人ポジションが獲《と》れる案件、まさかそれで、この仕打ち。気の毒なことをした。彼女は悪くない。まあ、ちょっとは悪いが……。

とにかくショックを受けた女性は、ボロアパートを飛び出していった。幾分か胸がスッとした僕が、さあ、父の弁明でも聞こうかと、彼の方を見やったその瞬間、女性の名前を叫びながら、彼女を追いかけてアパートを飛び出していく父の姿に、

「マジか!!」三回目。

とにかく僕が「おふくろの味」だと思っていたのは、「愛人の味」だったのである。

とは言えこの浮気相手の女性には感謝の念もある。

一連の父の浮気の件が僕にとって好都合だったからだ。アパート暮らしになる前の時期は特に。それまで家で肩身が狭かったのだが、この浮気の件を使って上手く立ちまわることに成功したのである。

ある時は、父の味方をし、「分かるよ！　あんなにおとんをないがしろにしてたら、そりゃ、浮気もしたなるわ！　なあ？　一生懸命働いてくれてんのに‼」と父の肩を持つ。

またある時は、「こんな大変な時に、あれはないわなー‼　大体、不潔やわー‼」と母の側に。

そもそも我が家が大変なのは僕のせいなのだが、緊急事態でどちらも味方が欲しい。コウモリのようにあっちへこっちへ行きながら、家での自分のポジションを確保する。

学校を完全にやめた、十六歳あたりからしばらくの間、この手でしのいだ。が、そんなことも長くは続かない。彼らも大人だ。気付く。

特に母は、もう何もかもに疲れたようで、家に僕がいる状態をとにかく清算したかったようだ。前述の通り、僕はアパートで一人暮らしとなるのである。

島で引きこもり

瀬戸内海のとある小島で、引きこもっていた時期もあった。広島県の尾道《おのみち》、そこから船に乗って渡るような、そんな島である。僕は、「とうとう島流しか……」と自嘲《じちょう》気味に思ったものだ。

実家からこの島に行くことになった時、僕は一人暮らしていたアパートから再び一瞬実家に戻っていたのだが、やはり母が嫌がった。彼女の拒絶は強硬で、僕がその島に行かないのなら、弟を連れて母が家を出て行くと言いだしたのである。そもそも、その島には父が転勤で行くことになっていた。

「どうすんの？　お父さんも出て行く、お母さんたちも出て行く、一人でどうすんの？」

そう母に言われ、

「いやいや、えげつない追い詰め方してくるな～……なりふりかまわずかいな!!　かわいないんか息子が!!」と自分のことは棚に上げて憤《いきどお》ったが、結局、僕は島行を受け入れる。

とりあえず、父にくっついていれば、食いっぱぐれることはないだろう。そう思ったのだ。

しかし、島での生活は、今まで以上に何もすることがない。何よりしんどいのが父と二人っきりだということ。

そもそもなぜ父は島に行くことになったのか？　おそらく「例の件」で、左遷されたのだと思う。父の職場が近く、社宅のアパートみたいなところだった。

要するに、母は、浮気がばれ、大事になって職場と家に居場所を失った父と、いつまでたっても引きこもりから脱出できない息子をセット価格で売り払ったのだ。彼女も、もうどうしようもなかったのだろう。とにかく、家から出て行って欲しい。視界から消えて欲しい。その一念だったに違いない。

父と二人きりの晩飯。

お互いすねに傷を持つ身、仲良くやれるかとも思ったが、まあ、気づまりな毎日だった。どうも父は、「なんで俺が面倒見なアカンねん!!」と思っていたようである。

そこで初めて、僕は父と、いや両親と、「公的」な付き合いしかしてこなかったことに気付く。変な話だが、心底腹を割って、家族として話したことがなかった。プライベートの付き合いを親とできていなかった。

よくよく考えなくても分かることだが、子供とは勝手なもので、親にも人生があるということを忘れている。子供は親を、もう「終わっている存在」と思いがちだが、彼らにもまだまだ大事な人生があるのだ。

引きこもって何もしていない男と、浮気がばれて左遷された男。窒息しそうな空間。実際呼吸の回数も減っていただろう。いつも酸欠気味だったに違いない。

父がいない間はやることもないので、島中を散歩して過ごした。自分がこうやって散歩している間に、毎分毎秒、同年代に遅れをとっているんだ……そんな焦燥感にとらわれながら、でも現実はどうしようもない、動かしようがない、そんな心境で歩いていた。

それに飽きると、船に乗って町の方に行き、映画を観たりした。

ここでもコンビニでバイトをしていたので、それくらいの余裕はあった。ここでのバイトは知り合いが全くいないので、かつてのそれよりは精神的には楽だった。

引きこもり始めて、いろいろあったが、もう完全に俺の人生は終わった……そう思っていた。少なくとも、最初望んでいたような人生はもう無理だ。人生に復帰できない。絶望を嚙《か》みしめながら毎日を過ごしていた。加えてこの島の期間、振り返り、見つめ直し過ぎたせいで自分の人生がゲシュタルト崩壊を起こしたような感覚に陥り、すべてがよく分からない、手応《てごた》えのないものになっていた。

成人式の焦り

そんなある日、何となくテレビを観ていたら、成人式のニュースをやっていた。記憶が定かではないが、僕の同級生か、その上くらいの成人式だったと思う。

晴れ着を着た若者達が、将来に向けてしょうもない夢を語っているのを見ながら、そんなしょうもないことすら自分の人生にはもうないのだ、そんな風に絶望していた。と同時に、僕はかつてない焦りを覚える。

「マズイ……成人はまずいぞ‼」

成人というワードが僕の心に刺さった。同級生がみんな大人になるのに何してんの？ これはマズイと。

それまでなんだかんだ言いながら、「俺はできる人間や！ 大丈夫！ 取り戻せる！」と自分を誤魔化す作業を続けて正気を保っていたが成人となるともう駄目だった。同級生が射程圏外に羽ばたいて行ってしまう……そんな焦りを感じた。

人生の宿題がたまり過ぎて、さすがにもう取り返しがつかなくなるんじゃないかという恐怖。結局、原始人と同じ人類の発展につきものの、「恐怖」によってやっと僕は動きだす。

すぐに母に電話し、というのもこの頃には我が家の決定権はすべて母にあったからなのだが、「大検受けるから一回家に帰らしてくれ！　最後のお願いや！」と電話なのに土下座して頼み込んだ。

母も母でもう一度信じてみたかったのだろう。許してくれた。

かくして実家に戻った僕は、今度ばかりはと、例のルーティンワークに苦しめられながらも、猛勉強し、大検を取得したのである。

勉強は、独学でやった。たしか13科目くらいとらなければ駄目で、普通は何年かけて取得する。しかし、今まで逃げてきた分、僕にはもう何年もかけるような時間は残されていなかった。一発ですべての科目に合格しなければならず、悲壮な覚悟で挑んだ。なんとか合格した。

すぐさまセンター試験の準備である。

問題集を買って家で解き、ラジオ講座を聞いて勉強し、習っていない範囲は捨てて、センターの点数だけで行ける大学を探す。さすがにもう、「自分にふさわしい大学」などとは言ってられなかった。

結果、愛媛大学の法文学部に合格する。

やっと世間に戻ってこられた。娑婆《シャバ》に出てこられた。そんな思いしかなかった。

センター試験を受けた数日後だったか。阪神《はんしん》・淡路《あわじ》大震災が起こった。まだ早朝だった。

試験のため、昼夜逆転生活を改めていた僕は、まだ寝ていた。

突然、家全体が大きく揺れ始め、随分長い間、何度も揺れた。部屋の隅に置いてあった、学習机やカラーボックス、ありとあらゆる家具が、紙で作ったトントン相撲の力士のように部屋の中を右往左往した。

馬鹿なもので、地震などとは想像もつかず、瞬間的に、僕の頭の中には巨人が家を両手で摑《つか》んでゆさゆさしている映像が浮かび、恐怖で体が固まりなにもできなかった。ひとしきりして揺れがおさまった頃、階下に行くと家人は全員起き出していた。といっても、母と弟だけだったが。父は島だった。

テレビを点《つ》けると、高速道路が倒れている映像が映っていた。

僕は、妙な高揚感を覚え、自転車に飛び乗り、昔バイトしていたコンビニまで見に行くと、棚の商品はすべて床に散乱していた。

本当に不謹慎な話だが、テンションが上がっていた。

僕はこの時、「これでリセットや！」と思っていた。被害状況が、テレビやラジオから伝わるにつれ、死者も沢山出て、家がなくなり、泣いている人々……それを見てなお、大変なことが起こったとは思いながらも、それよりも、これでリセットされて、自分の引きこもり生活でのマイナスがチャラになる……そんなことを考えていた。実際にはそんなことはありえないのだが。

とにかく、センター試験の点数だけで行けるところを選び、四国にある愛媛大学に入る。人に会いたくなかったので、入学式は出ず、通学初日に合わせて引越しをした。家から出て行って欲しかった親もこれで安心だろう。

第4章 大学での日々

松山

こうして、僕は四国の「愛媛大学法文学部」に入学することになった。中学生からいきなり大学生になったので、履歴書を書く時、ちょっと「アメリカの飛び級した天才少年」の雰囲気が出るので気に入っている。馬鹿だ。それに、特段「晴れて」という心境でもなかった。そもそも、「センター試験の点数だけで入れるところ」という条件だけで探した学部である。第二検索ワードは「どこでもいいから」だった。失礼な話だが。

その時の僕の唯一の目的は、この何年にも及んだ引きこもり生活にとにかく終止符を打つこと、それだけだったし、実際、今さら世間で言うところの有名大学に合格するような学力も、その力をつけるために努力する気力も時間も、なにもかもを持ち合わせていなかった。絶望的なまでに追い詰められた自分の人生の現状に、さすがにもう「神童感」だのなんだの言ってられなかった。

まさに緊急避難的な受験である。

本当なら、滑り止めとして他にも数校受験すべきなのだろうが、それすら精神的にしんどい状況だった。

センター試験が終わった段階で、すべての気力、体力を使い果たしていた。横綱なら即・引退会見を開いている。マークシートを塗り潰《つぶ》しただけで僕のゲージは空になっていたのである。

何年ぶりだろうか、人混みの中、長時間電車に乗り、大量の人間がひしめく会場で試験問題に取り組んだ。

この上さらに、二次試験や面接を受けるのは無理だった。

そんなわけだから、大学には、正直な話、何の思い入れもなかった。僕にとっての大学受験は、雪山で遭難しそうになったので、とりあえず「ビバーク」する。そういう意味合いしかなかったのである。

他のほとんどの新入学生にとって、「晴れの日」であろう入学式や、それにまつわるお祝いムード漂う行事、イベントはことごとくパスした。

とにかく、やれ「合格」だ、やれ「新生活のスタート！」だ、やれ「我がサークルにいらっしゃい！」だ、そういう、「おめでたい毒ガス」が、少しでも薄まってから行きたかったのだ。

犯罪者がほとぼりが冷めるのを待つように。

理由は簡単である。僕にとっては何もめでたくないからだ。

結局、実際に初めて大学に訪れたのは、「履修ガイダンス」からだった。これだけは、出席しておかないと、今後の大学生活に致命的な弊害が出ると言われていたからである。つまり僕は、本当に、その時まで、これから何年間か自分が通うことになるであろう大学に来たこともなければ、見たこともなかったのだ。正直、「受験概要」しか見てなかったので、校風も何もよく知らなかった。

いざ実際に来てみると、ガッカリした。

一体、何に洗脳されていたのか自分でも分からないが、大学といえば、キャンパス全体が、青々としたきれいな芝生で覆われていて、学生達が寝そべりながら談笑していたり、白衣を着た理系の学生達は、何か小難しい研究のことで、激しい議論を交わしながら歩いていたり。かと思えば、キャンパスの片隅には、レンガ造りのチャペルがあって……などと、かなりビバリーヒルズ青春白書な大学像を思い描いていた。

しかし現実は古びた市役所みたいな外観、規模、雰囲気で、地面はアスファルトで、学生達は、ジャージ等の格好が多かった。大学に「住んでいる」ような部屋着感溢《あふ》れるファッションセンス。「あれ？『じゃらん』の写真で見た時は、もっとお風呂《ふろ》も大きくてきれいだったのに……失敗した！」みたいなガッカリ感。今なら分かるが、地方の国立大学なんて大体そんなもんなのだ。大学の価値は、そこで何が学べるかであって、芝生でも、チャペルでも、お洒落《しゃれ》な学生達でもない。実際、愛媛大学は、少し調べれば分かることだが、素晴らしい大学である。

ただちなみに、隣接する、私立の松山大学は、芝生もあり、食堂が「カフェ」で「テラス」があった。

愛大生の地位

約六年間、そのほとんどの時間を、部屋に閉じ籠《こも》り、誰とも会話せずに生きていた、〝引きこもり生活〟。

少なくとも表面上は、それに、なんとか終止符が打てた僕は、

「やっと、終わった……」

ようやく、停止していた自分の人生が動きだし、みんなと同じ、〝普通〟という〝レール〟に復帰できる、世の中の〝大多数〟のグループに入れる……そんな安心感に包まれていた。

そもそも、〝普通〟というのは、皆が思っているより、相当レベルの高い状態である。

ほとんどの人間は、〝普通〟が土台、ベース、富士山で言うなら、麓《ふもと》だとイメージしているだろうが、僕にとっては、すでに六合目か七合目、要するに、半分より上の

状態が普通であった。

そんな高みに復帰できるのだから、安堵《あんど》もする。

反面、〝失った六年間〟のことに思考が及ぶと、途端に気持ちも沈んだ。

当然である。

それだけの期間、何もしなかった人間と、充実した生活を積み重ねてきた人間……

この差は歴然であり、かつ膨大である。

結果、非常に〝雑な〟言い方になるが、僕はそれ以降、

「どっかで、〝ガ――――‼〟っといかなあかん‼」

という、〝強迫観念〟、〝焦燥感〟に常に付き纏《まと》われることになる。


実家から引っ越す際は、父が松山まで同行してくれた。

同行と言うより、「連行」と言った方が正確かもしれない。

そこには、振り返ることすら許されない、無言の圧があった。

たとえ、もしあのとき僕が、

「忘れ物した！」

などと言って引き返そうとしても、

「後で送っとくから！」

と即座に言われかねない……そんな断固たる雰囲気を父は漂わせていた。

それほどまでに、両親は恐れていたのだろう。

事態がほんの少しでも逆戻りすることを。

いや、当然である。

松山で僕が暮らすことになる部屋に、荷物を運び込み、あらかた片付け終わると父は帰り際、

「もう戻って来んでえーように頑張れよ！」

と、刑務所の職員が出所する人間に言うような台詞《せりふ》を口にした。

父なりのエールだったのかも知れないし、悪気はなかったのだろう。

しかし、「頑張れよ！」と言ったその表情は、満面の笑みで、明らかにテンションが上がっていたのを覚えている。

もっとも、僕は僕で、あっさりしたものだった。

そこには、何の感慨も未練もなかった。

実家を出発し、地元の駅まで直行。

何の滞りもなく、後ろ髪を引かれるようなこともなく、その道中の何もかもが記憶に残らぬくらい、随分あっさりと、新天地、松山に到着することとなる。

今思えば、もう少し、〝おセンチ〟になっていてもよかったなとも思う。

自分が育った町の風景、小学校、よく遊んだ空き地……思い出の場所の数々。

そんな諸々《もろもろ》を、目に焼き付けるような時間、嘘でもいい、形式だけでも、その手の儀式を執り行っておくべきだったかもしれない。

なぜなら、その出発の朝、その日以来、今日に至るまで、僕がその家に戻ることは二度となかったからだ。

奇《く》しくも、自分のルーツ、人生の始まりの場所、〝根っこ〟……そういうものからの、終《つい》の別れとなった。

その後、僕も知らないうちに、実家そのものが引越しを重ね、その町に僕が〝いた〟という証拠は、とうとう跡形もなくなった。

母は来なかった。この頃になると、母はもう僕を見るのも嫌だという状態になっていた。実際、その後、今現在に至るまで、母には二、三回程度しか会っていない。

僕が実家を出る際、

「……ちゃんと生きていくんやで!!」

母の口から飛び出したのはこれまた、終の別れのような台詞であった。

僕の引きこもり生活中、殆《ほとん》ど見せなかった笑顔……底抜けに晴れやかな表情だった。

言うなれば、やっとこさ、安全地帯に逃げ込めた人間の顔。

そこまで追い込んだのは他ならぬ僕だったわけだが。

いずれにせよ、両親にとって、僕が引きこもっていた期間は、それほどの生き地獄だったということだ。重ね重ね申し訳ないことをしたと思っている。さようなら。


さて、簡単にではあるが、改めて説明しておこう。

愛媛県松山市。

「道後《どうご》温泉」で有名で、一説には、三千年の歴史を持つと言われている。西日本随一……とまではいかないが、著名な観光都市である。

路面電車が走り、温泉街に人力車、街の中心には松山城があって、それをお堀が囲む。

松山城は町の真ん中の小高い山の上に建っている。その天守閣に行くには、ロープウェイやリフトがあるので便利だ。とにかく、日本酒なら「おっとっと……」と口から迎えに行かねばならないほどの情緒が溢れた地である。

「名産は何ですか？」と聞かれたら、「情緒」と答えたいくらいだ。

ちなみに、僕の母は、愛媛県《えひめけん》の今治《いまばり》という町の出身で、僕も幼稚園か小学校低学年の頃に、何度か訪れたことがある。そういうこともなんとなくこの大学を選んだ理由かもしれない。

縁と言えば、縁ではある。

下宿に借りたのは1Kで三万円くらいだったか、風呂とトイレも別々でなかなかいい部屋だった。地方だとこんなもんだ。

仕送りもあったが微々たるもので、当然アルバイトをしないと生活できない。そのバイトの選択において、一度死んだはずの例の「神童感」、それに起因する妙なプライドが息を吹き返し、頭をもたげてきた。大検を取得し、なんとかギリギリ大学に潜り込めた。もちろん、中学生の頃思い描いていた有名大学ではない。言っちゃ悪いがしがない、地方大学である。当時の僕はそういう浅はかな考えに囚《とら》われていた。にもかかわらず、今度は、

「あんだけ何年も引きこもってたのに、俺……結局、大学入れてるやん⁉　しかも国立やで？　やっぱり、俺、凄《すご》いんちゃうの⁉」となっていた。

人間の自尊心とは、アスファルトに咲くタンポポのようになんと、たくましくあさましいのか。妥協の天才。そりゃ貴族とか言い出すわ。

ゾンビのように蘇《よみがえ》ったプライドが、「誰でもできる単純労働」なんて自分には相応《ふさわ》しくない……そう囁《ささや》く。こいつは、この後何年も何年も苦労するので勘弁してやって欲しい。また、そうでも思ってないと正気を保てなかったのだろう。さて僕が選んだ

バイトは、家庭教師だった。求人情報の雑誌で見つけてすぐ履歴書を書いて面接に行った。あっさり合格して驚いた。

僕はそれまで知らなかったのだが、実は、この松山という土地における、愛媛大学の学生の地位は、笑けてしまうほど高く、愛大生の通り名で、市民の皆さんに親しまれていた。

松山では、愛大生は「賢い学校の子」として認知されていた。これが国立大学のブランドパワーなのか。とにかく、愛大生といえば、とても優秀な人材として、尊敬すらされているように感じたものである。そんな愛大生の僕なので、すんなり家庭教師のバイトも採用となったようだ。ちょっとした印籠《いんろう》である。

しかし、考えてみれば恐ろしい。つい昨日まで、何年間もガッツリ引きこもっていた人間が、今や家庭教師である。人様の子供に教える立場となったわけだ。

バイト先の会社から指示されたご家庭に、先生として向かう。指定された家は、僕の下宿から自転車で小一時間ほど走ったところにあった。僕は車の運転免許を持っていなかったので、移動の手段はもっぱら自転車だった。汗だくになりながら、なんとか指示された住所に辿《たど》り着く。

家庭教師

　そこは、松山市内からは、随分と離れた場所で、周りは田んぼと畑と山ばかりだった。そのTHE田舎の風景の中、違和感たっぷりに、洋風の立派な家が建っている……というか浮いている。おそらく、お金も手間もかかっているだろう。オーナーのこだわりが詰まった、素晴らしいお宅だ。だが、周りの風景にはまったく馴染《なじ》んでおらず、ラブホテルにしか見えないのが残念である。

　それはさておき、呼び鈴を鳴らす。お洒落《しゃれ》なお宅なのに、呼び鈴の音は、「ミ――――」というベタな電子音で、これにも拍子抜けしたのを今でもよく覚えている。

　玄関のドアが開いて、上品で綺麗《きれい》な女性が出てきた。これまた、田舎の風景となじまない、バッチリメイクに、今から銀座《ぎんざ》にお出かけよと言わんばかりの洋服。家といい、住んでいる女性といい、そんなにこの風景に馴染む気がないなら、ここに住まなきゃいいのにと思ったが、化粧と服は僕、というか、先生を迎えるためのものだと気付きその気持ちは引っこめる。

「あの、家庭教師で来ました、山田と言います」

「あ～、お待ちしておりました～、よろしくお願いいたします！」

僕が教えることになる子供の母親だろう。おそらく、当時の僕より十コぐらい年上の、綺麗な大人の女性が、まるで、本物の先生に対するように、うやうやしい態度を僕に向けてくる。

何年間も屈辱に苛《さいな》まれ、カラカラに干上がってひび割れた僕のプライドに、恵みの雨が降って来た。ずっと給水所なしで走って来たマラソン。沁《し》みる。ボーナスステージである。

家に招き入れられた僕は、差し出されたふわふわの馬鹿でかいスリッパを履き、足元だけ着ぐるみのキャラクターのようになりながら、これまた立派な応接間に通された。

ほどなく、一人の男の子を紹介された。彼女の息子、僕の生徒である。中学三年生の男の子だった。

よくよく考えれば、僕は中学二年生の夏に引きこもった。大学に入ったとはいえ、まだ数週間しかたっておらず、公式の学歴でいえば、すでにこの子の方が僕より上である。それは言わない方がいいだろう。

初対面で、彼の本領はまだ発揮されていないのだろう、もじもじしていたが、真っ黒に日焼けして、なかなか活発な感じの男の子だった。しばらく、母親と彼、そして僕と、三人でいろいろ話した後、「よろしくお願いいたします」とまたもや母親に丁寧に頭を下げられ、僕と彼の二人っきりとなった。

いきなり勉強を始めるのも味気ないなと思い、まずは雑談から入る。先程、母親を交えての会話にも出てきていたので聞いてみた。

「サッカー好きなんや？　ポジションどこ？」

「フォワード……」

「そうなんや⁉　俺もサッカーやっててん。俺はセンターハーフやったけど。サッカーおもろいよな！」

気さくな兄貴キャラを上手《うま》く演じた。中学まで部活でサッカーをやっていたことが役に立ったようだ。練習後のレガース（すねに装着する防具）の尋常じゃない臭さとか、オーバーヘッドキックを試したことはあるかとか、いろいろくだらないサッカーの話題で盛り上がった。

すると彼は、僕に気を許してきたのか、

「僕、将来サッカー選手になりたいんです……だから勉強しても意味ないんです」

と僕に言ってきた。おりしも、Jリーグが始まって間もない頃である。

なるほど。そのタイプね。それを聞いて、僕は言った。

「今日は勉強やめようか⁉」

「えっ？」

応接間を、兄貴風がビュービュー吹き荒れ始めた。正直、気持ち良かった。何年ぶりだろうか、こんなに上から目線で人と話すのは。何度も言うが、僕は長きにわたる、屈辱にまみれた引きこもり生活の直後だったので、この「上から目線」に飢えていたのだ。このチャンスを逃す手はない。神様ありがとう。

僕は言った。

「サッカー選手って、Jリーグとかそういうこと?」

「それもあるけど、将来的にはブラジルとかイタリアとかに行こうと思ってるんです」

イタリア? 靴みたいなとこ? 当時はまだプロサッカーの選択肢でイタリアとか出てくるのは珍しかったと思う。それなりに、優秀な有望株の選手だったのかもしれない。

自分の知らないことが出てきたので、少し動揺したがそれをおくびにも出さず、

「そうなんや……でもね」

と、傘も裏返ろうかと言わんばかりの兄貴風を吹かし始める。

「でもね……それではアカンわ!」

「えっ……」

「今日初めて会ったからよく知らないけど、確かに君はサッカーが好きだし、上手い

んだと思う。でもね、そんな人、ほんま山ほどおるねん」

「……はい」

「どうせ、プロのサッカー選手になるから勉強しなくていいって言ってるけど、ごめんね、嫌な言い方になるけど、そのやり方が許されるのは、君レベルのことじゃないのよ」

「はい」

「分かるかな？　それが許されるのは、今の時点でユースのチームに入ってて、しかもそこで絶対的なレギュラーとして活躍してるくらいのレベルの人間よ！」

「はい」

僕が中学時代、部活でサッカーをやっている時、チームメイトで一人だけ、何かのユースチームに抜擢《ばってき》され練習に通っていた同級生がいた。

僕も一応レギュラーではあったし、サッカーも上手いと評されていたが、それよりも上のレベルのサッカーの世界があって、そしてそこには自分は呼ばれないんだという、サッカーに関して、初めての挫折《ざせつ》を味わった経験だった。その同級生とて、そこでは一番ではない……その手の話を人伝《ひとづて》に聞いたことがあった。これは使える。

「……じゃあ、もう無理なんですか、サッカー選手は……？」

余りの気持ち良さに少し言い過ぎたか？　彼が弱音を吐き出した。これはまずい。

僕は言った。

「簡単にあきらめんの？」

率直に「どないやねん！」である。だが彼は突っ込まなかった。僕は続けた。

「サッカーの上達なんて個人差あるから！　自分の場合、これからかもしれんやん！

そういう人だっているやん！」

「なにも人生、中学で決まるわけじゃないねん！　今後、高校とかでそういうユース

とか選抜入りしたらそれも充分すごいやん!?」

もう自分に言っていた。中三の少年を壁にしてのスカッシュ。自分に対するエール

を彼にぶつけていたのだ。

彼は素直で良い子だった。

「ハイ！」と元気よく答えてくれた。まったく単純なヤツである。

「後ね、俺が今ここに来ているということは、ご両親が、お金払ってるってことでし

ょ？　サッカーができるのもご両親のおかげだよね？」

「……そうです」

「じゃあ、頑張って勉強しないと！　申し訳ないでしょ？　そういうことが分からな

い人間は、プロとかなれへんと思う！」

一体、どの口が言っているのか。プロの何を知っているのか？　どんな巨人も手が

届かないほど、自分のことを高い棚に上げて。人間って怖い。

それからしばらくの間、僕は、まるで世界の海をすべて見てきた男のような口ぶりで、彼にいろいろ語りかけた。素直な彼は、僕の熱弁、というよりほぼほぼ自分に対するエールだったが、それを聞いて、やる気を出したようだった。さすがに、こんなトークだけで帰るわけにもいかなかったので、少し勉強を見ることにする。バイト先指定の教材を使い、とりあえず数学の勉強を始めた。

ごくごく初歩的な方程式の問題。XやYの値を求めよといった類《たぐい》のヤツ。それを一緒にやっていて僕は目眩《めまい》がした。彼がウンウン唸《うな》りながら問題に取り組んでいる。どこで詰まっているのかなと、まだ書きかけの彼の答案を斜めに眺めていると、原因が分かった。

5×7＝42　7×8＝64
彼は、九九ができなかった。九九に関して「できない」というのもおかしな話で、正確には「ちゃんと覚えていなかった」ということだろうが、とにかく九九が駄目だったのだ。

正直、「そこから？」と戦慄《せんりつ》を覚えた。申し訳ないが、僕にとってはあり得ない驚愕《きょうがく》の出来事だった。正直、引いていた。

思わず、「え〜……!?」

と呟《つぶや》いた僕のそのトーンに、自分が責められているように感じたのか、

「すいません！　すいません！」

と少年が謝り出す。

「いやいや、大丈夫！　大丈夫だから！」

少しも大丈夫だとは思っていないのだが、先生が動揺を見せてはならない。

一体この子は、「5×7＝42」で今までどうやって生きてきたのだろうか。「5×7＝35」その差「7」の分だけの不都合、不利益は彼の人生に生じなかったのか？　チームメイト5人のために70円のアイスを買いに行って、いつもなんかお釣り多いな……とかなかっただろうか？　日本の教育界に一石を投じる存在である。

家庭教師のバイトは、時間制だった。僕が話しすぎたせいで時間もなかったので、とにかくギリギリまで一緒に数学の問題を考えて、帰り際に、九九を次の時までにしっかり覚えておくようにと言うのが精一杯だった。

帰る時、彼の母親が、バイト代とは別に、お車代的なニュアンスで、五千円くれた。金銭的にはとてもおいしいバイトだった。

次の家庭教師の日がやってきたが、僕はあの家には行かなかった。

バイト先から電話がジャンジャンかかってきたので、しかたなく一度とった。怒られるだろうと思ったら、「どうしても、山田先生がいいんだと男の子が言っているの

でなんとか来て欲しい」とのことだったが、丁重にお断りした。当然バイト代も入らなかったがそれでも良かった。

そもそも、僕は引きこもり明けで、人生の深遠なる真実どころか、恥ずかしい話、カラオケの入り方とか、ハンバーガーショップでの注文の仕方すらも、もう何も知らないようなレベルの世間知らずだった。そんな人間が、どうして九九を覚えられない人間を高校に導くことができるだろうか。そんな恐ろしいことには加担できないと思ったのである。

金丸という男

僕は大学時代、金丸《かねまる》という男とよくつるんでいた。彼も僕と同じ、愛媛大学法文学部の学生で、学年は一つ上の先輩だったが夜間の学生だった。一浪で大学に入ったらしいが、僕も年齢的には一浪したのと同じだったので、金丸が一つ年上である。

顔はイケメンというわけでもなく、かといって、面白くいじられるほどのブサイクというわけでもない。ごくごく普通の顔面の持ち主だった。

金丸には彼女がいた。その彼女は、松山にある短大に通う学生だった。もちろん、何度か会ったことがある。彼女は、とても気立ての良い子ではあったが、とりたてて綺麗《きれい》でも可愛くもなく、はっきり言えばややブスな方だった。当時、親友だったと言ってもよい、金丸の彼女のことを、まったく最低な言い草である。僕は陰でその女の子を「バリボー」と呼んでいた。バレーボールにフェルトペンで顔を描いたような、でかくてまあるい頭をしていたからだ。

大学に入って半年ほど経った頃、講義のとり方、出席の頻度など、初歩的なミスが重なり、どうあがいても四年間で大学を卒業できないことが早々に判明していた僕は、やる気をなくし講義に出ない日が増えていた。またもや引きこもり生活にリバウンドしかけていたのである。

そんな体たらくな僕とは違い、金丸は、生来の慎重な性格ゆえか、しっかりと計画を立て、必要な講義もクリアし、順調な学生生活を送っていた。

彼は、講義の合間を縫って、アルバイトにも精を出していた。夏のバイトでお金を貯めると、インド方面に貧乏旅行をしていた。いわゆる、バックパッカー……「自分探しの旅」というやつである。その旅行から帰ってくると、自慢げに、自分が夏に決行したその「大冒険」について、撮ってきた写真の数々を僕に見せながら話してくれた。

ちなみに、僕がこの「自分探しの旅」に行く類《たぐい》の人間が嫌いになったのはそれ以来である。大体、そんなベタな趣旨の旅行、年間何万人いや何十万人と行っていることだろう。それだけの人数が決行し得る旅など、もはや冒険でもなんでもない。それはすでに、「アトラクション」とか、「ツアー」と呼ぶべきものだ。そもそも、今まで行ったこともないインドになぜ自分を探しに行くのかがよく分からない。いつそこに「自分」を落としたのか。

といっても、やはり当時の自分には到底できない、行動し得ないことをやっている人間だという尊敬の念は、彼に対して持っていた。

つまり何が言いたいかというと、金丸という男は、非常に小粒で、つつましく、ささやかなレベルでではあったが、当時の僕にとっては「すべてを手に入れた」人間だったのである。

少なくとも、長きにわたる引きこもり生活直後の僕から見れば、丁度良い目標と言うか、刺激になっていた。マラソンでも、いきなり何キロも先のゴールを意識して走るとしんどいが、目の前の電信柱まで、そこまで行ったら、次の電信柱まで、そんな調子で頑張っているといつの間にか完走しているものである。あれと一緒だ。引きこもりから脱出し、もう一度人生を走ろうとしていた僕にとって、彼は、一本目の電信柱だった。表現は最低だが、あくまで尊敬の念の発露である。

彼と初めて出会ったのは、大学の講義だったろうか。どんな会話をしたか忘れたが、僕達は、妙に波長があった。境遇が似ていたというか、一浪していることも含め、

「人生の負け方」が同じだったので、お互いの傷を舐《な》め合いやすかったのかもしれない。とにかくすぐ仲良くなり、僕は彼にアルバイトなんかも紹介してもらったりしていた。彼も仲間が欲しかったのだろう。いつも二人で同じバイトをしていた。

夏はプールの監視員。秋から冬にかけては、愛媛ならではの、「伊予柑《いよかん》」農家で、お婆《ばあ》ちゃんたちと一緒に、収穫や仕分けの手伝いをするアルバイト。どちらも、松山に存在するアルバイトとしては、トップクラスの収入を得られるし、家庭教師で失敗してから、割に合わない肉体労働ばかりしていた僕にとって、金銭的にも精神的にもとても助かった。本当に、恩人である。

そういうアルバイトを通じて、僕も「普通の人間」に近づいていけているような気がしていた。

伊予柑農家で、お婆ちゃん達と和気あいあいとお喋《しゃべ》りし、プールの監視員では、「コラ〜！　走るな〜！」、「飛びこむな〜！」と、中高生相手に怒鳴りつけ、「あれ？　俺、全然イケてる！　社会に順応できてるやん⁉」と手応えを感じた。あれほど外に出るのも苦痛で、人に会うのもしんどい、対人恐怖症に近かった自分を、なんとかかんとか「ここまで持ってこれたやん？」、そんな風に感じていた。

また、彼のおかげで、学生らしい、若者らしいことも体験できた。

バリボー、もとい、金丸の彼女とも仲良くなり、男女六人でキャンプに行ったり、若者がいかがわしい行為をするので有名なとある海岸までドライブしたり、合コンなんてものに初めて参加したのもこのころだった。

芸人ごっこ

そんな中、彼がある話を持ってくる。バリボーが通う短大の文化祭で、二人で漫才をやらないかというのだ。思えば、残念なことに、これが僕のお笑い芸人への道の第一歩だった。

しかし、なぜ自分たちの学校、愛媛大学の文化祭でやらないのか？ そこが僕たちの境遇をよく表わしていて、要するに僕たちは二人とも自分の大学には馴染《なじ》んでいなかったのである。正直、金丸も僕も、大学には遊ぶ友達もいなかった。大概、プールの監視員仲間などと遊んでいた。彼らはフリーターか専門学校の生徒が多かった。

さて、いきなり漫才といわれても、彼も、もちろん、僕もそんなことやったことがなかった。人前で何か面白いことをした経験もない。そういうタイプでもなかった。それまで漫才の台本など書いたこともなかったのに、なぜか僕がネタ書き担当となり、なんとか書き上げた。それを、毎日、僕の部屋に二人で集まり、練習をした。

一度、言い出しっぺであり、先輩でもあるので、金丸が書いて来た漫才の台本でやってみたのだが、正直まったく面白くなかった。なぜこんなものしか書けないのに、漫才をやろうと言い出したのか理解できなかった。

彼は、先程書いたように、なにか突出した取り柄があるような人間ではなかったが、なぜかいつも自信が漲《みなぎ》っていた。面白さに関しても何かしらの自負があったようだ。自己評価の甘さ。正体不明のエネルギー源である。こういう人は生きてて楽だろうなーと、心底羨《うらや》ましかった。

一つ困ったのが、関西弁である。金丸は宮崎出身だった。僕は全然気にしていなかったのだが、彼は、漫才は関西弁でしなければならないという妄想にとりつかれており、「関西弁を教えてくれ！」と僕に頼んできたのである。しょうがないので僕は、ラジカセに色んな関西弁を吹き込んで彼に渡したり、練習中にそれこそ、僕「なんでやねん！」、金丸「なんでやねん！」みたいな「授業」を行ったりした。結果、関西弁風の喋り方はできるようになったが、イントネーションが絵に描いたように「風」だったので、絶対に痛々しい感じになっていたと思う。

何はともあれ、数か月前まで何年も引きこもっていた人間には想像もしなかった、人前で漫才をするという急展開に僕は緊張していたが、正直に言えば楽しみにもしていた。

文化祭当日。金丸の彼女は、文化祭の実行委員長をやっていた。バリボーなのに人望はあったようだ。彼女に口を利いてもらって、文化祭のステージの出番に入れて貰《もら》えたのである。

今思えば若かった。

そもそも、文化祭で漫才なんて、調子ノリのすることだ。バカな大学生特有の、恐れ知らずのノリというか、見ていてヒヤヒヤするが、それを押し切るパワーというか、痛々しいが華やかな若い空気感というか、いずれにせよ、そのどれも僕たちは持ち合わせてはいなかったのだが。

ネタは、確か、よくある通販番組をモチーフにした、ありきたりの題材の漫才で、見よう見まねで作ったボケツッコミをちりばめた、凡庸なものだった。何か、「おもしろ掃除機」が出てきてそれを紹介するというネタである。こんなものが受けるはずがない。金丸の作ったものより随分マシだが。

僕のその予想に反して……受けた。大爆笑だった。

まあ、冷静に考えれば、そのステージを見に、バリボーの友達が大勢来ていたことが原因だろう。要するに、自分の知っている人がステージに出てきてなんかやっていることに対する笑いだった。

が、当時はただただ受けたと勘違いしてしまった。僕たちの芸人ごっこが始まる。

金丸の緊張

それから、やめとけばいいのに、何を勘違いしたのか、僕たち二人は大阪の吉本《よしもと》興業の劇場で行われていたゴングショーに挑戦した。フェリーに乗って大阪に行く。長時間の船旅だったが、楽しかった。結果が出るまでは、人は夢を語れるのである。漫才がどうこうではなく、舞台に飛び出して行った瞬間、勢い余ってすべって転ぶという、古式ゆかしいハプニングが起こり、それがツカミとなって、なんと合格してしまった。あそこでしっかり不合格になっていれば、この後の悲劇も生まれずに済んだに違いない。

とにかく、僕たち二人は揃って、もしかして才能があるんじゃないか？　お笑いなんて簡単なもんだ！　と思っていた。笑いの総本山、吉本興業の舞台で、ゴングショーとはいえ、この田舎もん丸出しの二人が合格したのだ。

心斎橋《しんさいばし》だったろうか、橋のたもとで、僕と金丸は大いに夢を語り合った。世間知らずの戯言《たわごと》ではあったが、僕らはかつてないほどテンションが上がっていた。もう売れた気でいた。金丸からは、ベタに「天下をとる」発言も飛び出す始末。具体的に、大阪に引っ越してきて……なんて話も出た。このままお笑い芸人になる。少なくとも僕はそう思っていた。どうせ大学も四年で卒業できないことは確定していたし、好都合だった。

これまでの、このグチャグチャの人生をリセットする、それも勉学ではない方向に進めば、これまで知り合ってきた人間たちと比較されることもない。まったく違う土俵なのだから。

むしろ、「実は最初からそっち志向だった」のパターンが使える。なかなか賢明な選択だと思った。

僕は、ここ何年も味わったことがない、ワクワクした気分になっていた。もう終わったはずの自分の人生において、再びこんな気持ちが訪れるとは思ってもみなかった。

この文化祭と、ゴングショーの件で、俄然《がぜん》、調子にのってしまった僕達は、またまたやめとけばいいのに、今度は、その年、吉本が開催した、全国的なお笑いイベントに参加することにした。確か、僕が雑誌か何かで見つけてきたのだと思う。

その頃には、僕の方が、すっかりお笑いに前のめりになっていた。

そのイベントは、日本全国に用意された予選会場で、ネタをやって、それを勝ち抜いた者は、東京ドームかどこかで行われる、決勝イベントに出場できる……という触れ込みのヤツだったと記憶している。

僕達は、それの四国予選に出ることにしたのだ。

レンタカーを借りて、高松《たかまつ》に向かう。愛媛ではそのイベントはやっていなかった。会場はショッピングモールだったか。メンバーは、僕、金丸、カーコである。運転はカーコがやってくれた。

このカーコという女性、兵庫県出身で、僕も同じ兵庫出身。

確か、大学に入って一番最初の講義の時に、たまたま僕の隣に座っていて、なにかの拍子に話しかけられ、それがきっかけですぐに仲良くなった。

といっても、二人で食事に行ったり、遊びに行ったりするわけでもなく、講義で会えばなんとなく隣に座って、何となく喋《しゃべ》って、何となくさよならする。それくらいの関係である。

三人でなら、講義の後、一緒に御飯に行ったこともあったが。

当時の僕は、引きこもりと言う刑務所から出所して娑婆《シャバ》に出て来たばかりだったので、本当に女性なら誰でも好きになった。最低だが、誰でもよかった。といっても、ずっと童貞だったが。口説き方など知らないし、そんな度胸もない。とにかく誰でも好きになったというだけの話である。カーコのことも当然好きだった。

元々は、僕が仲良くなったカーコだが、あまりに僕が金丸と一緒にいるものだから、自然と三人で居ることも増えた。まだ僕もまともに講義に出ていた時期だったので、三人一緒になることもよくあった。

カーコは、僕達が、短大の文化祭に出演した時も、漫才を見に来たのだが、その頃から僕たちのマネージャーを気どりだし、「あーし、二人のこと応援してるし！」とか言っていた。

僕らも僕らで、「売れたら、カーコが事務所の社長な！」などと、調子を合わせていた。今考えれば、若気の至りというか、お寒い大学生ノリそのものだったが、こんな人生にも青春はあったんだと思う。

高松に向かう、その車中でも、我々三人は大いに盛り上がった。

やがて目的地のショッピングモールが見えてくる。その直前あたりから、金丸の口数が格段に減ってきた。緊張である。超ダサい。

結果からいうと……ドンズベリした。

ネタは、文化祭や、ゴングショーでやったことのある、「通販ネタ」……自信の勝負ネタである。

しかし、いざ、会場に入ると様子が違った。僕達のような素人の学生ばかりだと思っていたら、芸歴一年目、二年目の若手中の若手ではあるが、一応芸人一本でやっているプロの人間もいたのである。そういう人間は気迫が違う。雰囲気が違う。僕らのような、思い出作りのテンション、「ごっこ」ではない。そういう空気にも萎縮《いしゅく》してしまったのかもしれない。

お客さんも結構集まっていた。司会の人は大阪で売り出し中の若手コンビだった。そういった雰囲気に圧倒されたのか、金丸の緊張は極限に達し、挙動不審になっていた。ステージに向かうため歩いていると、僕にぶつかったり、僕の足を踏んでしまったりして、「あっ、ごめん……」という場面が幾度となくあった。

そして、案の定本番で彼は漫才の台本、そのセリフがほぼすべて飛んでしまい、頭が真っ白になった。つまりはパニックである。

ショッピングモールに集まった大勢のお客さんの前で、見事に、「あの……あっ、あの……」とか言い出した。

僕は、それを見ながら、

「うわ～……こいつほんまアカンな……あ～あ～」と内心怒っていたが、

「あれ？　掃除機、壊れたみたいですね⁉」などと、まあまあのアドリブでフォローを入れて笑いをとっていた。そんなこんなで、なんとか、ネタを軟着陸させることに成功。実際は大事故だったが。とにかく出番を終えた。

一応、先輩で年上ということもあり、強くは言わなかったが、出番を終えた直後から、「すまん、すまん……」と相当落ち込んだ様子で、謝罪の言葉を連発してくる彼を、僕は完全に無視していた。周りの「本気」の人達に、「一味」と思われるのが恥ずかしかったのである。薄情な人間だ。

そのイベントは、すべてのネタが終わった後に、感想を聞くようなコーナーもあった。ここでも金丸はやってくれた。一言コメントを求められても彼は何も言えず、急に司会の人に向かって、僕を指さしながら、

「こいつには……山田には才能があるんです！　お願いしますー!!」などと場違いなことを叫び出し、会場は変な空気になるし、ただただ僕のハードルだけ上げられるという地獄のような暴挙に出たのである。

司会の方も苦笑いで、「ありがとーございましたー！」としか言わなかった。そりゃそうだ。

裏切りのドライブ

帰りの車中。運転はまたまたカーコがしてくれた。

金丸も免許を持っていたので、帰りは彼が運転するということになっていたのだが、緊張と、舞台でのミスのせいで、悪い意味での興奮状態にあり、手の震えが止まっていなかったので、彼女が運転に名乗りを上げてくれた。助手席に金丸が座り、僕は後部座席で横になって寝ていた。

といっても、初めての経験に僕も少なからず興奮し、帰り道の前半ですでに目は覚

めていたが、あの体たらくのおかげで、車内のムードは気まずかったので、寝たふりをしていたのである。

金丸もどうしていいか分からず、黙っていたのだろうが、僕は僕で、彼のミス、チキンぶり、空気の読めなさに腹が立っていたので、なるべく口を利きたくなかった。

カーコも、行きの車中であれだけ盛り上がっていただけに、今のこのお通夜のような空気の中、何を言っていいか分からなかったに違いない。口数は少なかったが、それでも彼女なりに、気を遣ってくれていた。

一生懸命に、「あれ？　行きしなここ通ったっけ？」とか、「お腹すいたな～……あそこのラーメンでも食べて帰る？」などと言っていたが、次第に、それらに現状を打破する効果がないことを悟り、黙りこくった。

僕は、相も変わらず、目をつぶって横になり、後部座席で寝たふりを続行中である。

しばらくすると、前方座席の二人の会話が聞こえてきた。

カーコが言う。

「今日はねー、あんな感じやったけど、あーしが見てた感じやと別に他の人達も同じような感じじゃやったけどね……」

すごく「感じ」って言うな……。

「いや、俺のせいだ……」

いやいや、そりゃそうでしょ？　寝たふりをしながら心の中で突っ込む。

「そうかな……でもあーし、二人のことは応援してるから、またがんばればいいやん！」

確かに。こんな、しょうもない終わり方はできない。また練習だ。でも、金丸の緊張問題はなんとかしないと駄目だな……などと思いを巡らしていると、しばらくの沈黙の後、彼が、

「いや……実は俺……就職しようかと思ってる」

「えっ、そうなの？」

「できたら東京に行きたいねん」

イントネーションは、相変わらずエセ関西弁だが、決意は本物そうだった。

はあ？　マジでか？　そんなこと一回も聞いてないぞ？

「えっ……でも、山っちは芸人になろうって思ってるんじゃないの？」

カーコは僕のことを山っちと呼んでいた、さすが同郷、あだ名センスが一緒である。

いや、そんなことどうでもよい。

「俺、ホントはやりたいこと、お笑いじゃないねん。小説書きたいねん」

小説？　初耳や！　次から次へとなんじゃそれ！

「そっか……じゃあしょうがないよね……」

待て待て！　カーコよ！　もっと頑張れ！　納得するな！

パラレルワールド

それ以降、二人のトークテーマはもっぱら、金丸の新たな夢、小説家という職業が、いかに素敵なものかを熱心に語り合うことが中心となり、出版されたら絶対買う！とか言い出したカーコのせいで、僕は自分で始めた寝たふりをやめることができなくなってしまった。結局、松山に戻るまで続けることになる。

途中、一度だけ、「う〜ん……」と言って、起きようと試みたが、その瞬間、前の二人が「サッ」と話題を変えたので、僕も僕で、「ああ……そういうことね」となってしまい、すぐさま寝たふりに戻った。

このことで、僕は、はっきりと悟った。あくまで僕からすればということだが、金丸の裏切り行為に、腹も立ってはいた。しかし、どちらかといえば寂しい気持ちの方が大きかった。結局また一人に戻るのかと。

そうか……こういうことだったのかと。

彼がなぜ、その車中で、小説家になりたいなどと言ったのかは分からない。本当に前からそう思っていたのか、それとも、「そうかそうか、小説家志望なら、漫才がすべっても仕方がないもんね？　関係ないもんね？」と逃げを打ったのか。

それは今でも僕には分からないし、そんなことどうでもよい。真実はいつか彼が小説にしてくれるだろう。

問題は「就職」である。もちろん、彼の人生だ。僕がとやかく言えることではない。

ここで問題なのは僕自身のことだ。

そうか、人は簡単に、「芸人になる」とか言えない。そんな決断はできないのだ……そう痛感した。ここまでの、大学生活において感じてきた違和感もそういうことなのだ。

それはよくよく考えれば、当たり前のことだった。一緒にバイトしたり、遊んだり、勉強したりしていたが、僕と彼、彼らとでは本質的に違っていた。僕と違って、みんなは人生が大事だった。その人生を、軽く扱うことなどできないのだ。当然だ。みんな、それぞれ自分なりに、真面目に積み重ねてきた、その上に立って生きていた。生活していた。そこには、いろいろな将来に対する考え、計画、想いがあったのだ。

反面、僕が当時思っていたことといえば、いまだ「だいぶ人生が余ってしまったな～……」ということだった。持て余していたのだ。あまりに思い描いていたものと違う人生を、キチンと考えて生きる気力もなく、意味も見出《みいだ》せていなかった。

人生の取り扱い説明書がまったく違ったのである。

「人生が余った」などと思って生活している人間と、その人なりの能力の中で、一個一個、大事に積み重ねてきた人間とではまったく違う。そういう人にとっては、自分の人生とは、それはそれは惜しいものだろう。決して、雑には扱えないのである。

これが、僕がずっと感じてきた違和感の正体だった。

僕は、誰とも同じ時間を過ごしていなかったのである。薄いガラス一枚隔てたパラレルワールドにいるような誰とも心の底からは嚙《か》み合わない感覚が常にあった。隣《となり》に居ても隣にはいない。

何となく社会復帰できたと思っていたが、まったく、順応できていなかったのだ。家に帰って、それでもこの愛媛で、ここでなんとかやっていこう、そう思い込もうとしたが、すでにもう大学に戻る気は失《う》せていた。すべて自業自得だが、結局ここでも駄目だったという挫《ざ》折《せつ》感が勝っていた。圧勝だった。

またリセットの時間がやって来た。

逆に言えば、そんなささいな衝動で、自分の人生を左右する決断ができてしまうほど、僕にとって自分の人生はもう終わったものであり、軽かったのである。

30対0で負けてる試合だ。誰が真剣にやれるか。

とにかく、もう、松山にはいたくなくなっていた。もっともっと、根本的にリセットするしかない。朝顔を引き抜いたあの日のように。

だったが。
もう引き返せないところまで来ていた。芸人になるしかない。というか、もうそれくらいしか残ってない。どうせ大学も四年では卒業できないのだ。それが一番の理由だったが。

そこから僕はいろいろ調べて、東京のNSCというお笑いの養成所に入ることにした。東京の不動産屋に手当たりしだいに電話し、こちらの条件を伝え、その電話だけで住む家を決めた。一度、上京して、NSCの面接を受け、松山に一旦《いったん》帰り、合否を待つ。受かった。

金銭的なこともあったので、次に上京するのはここでの人生を捨てる時だ。春の新学年のタイミングを狙い、バイトで貯めた金と、親から振り込まれた学費を持ち逃げすることにした。それで、養成所の入学金及び、授業料を賄う。残るお金はほとんどない。それまで東京なんていったこともなかったが、不思議と不安はなかった。というより何にも考えていなかったというのが正解かもしれない。

親にも黙って、松山の部屋も解約した。さすがに、学校をやめて芸人になるなんて、うちの親が許すわけがなかった。そもそも大学のことも言ってなかった。後はもう、出たとこ勝負。といっても、僕には何の勝算もなかった。

上京する際、本当に、誰にも言わなかったので、大学側は失踪《しっそう》と思ったようだ。全然出席したことのなかったゼミの教授が、どこから情報を入手したのか分からないが、東京まで捜しに来たとのちのち聞いた。
申し訳なく思う。
とにかくある日、僕は松山の街から完全に消えた。

第5章 下積みからの脱却

上京してホームレス

飛行機の都合で、上京しても、部屋に入居できる日まで、一週間ほどあった。というのも、当時、JALだかANAだか忘れたが、年齢がいくつまでなら、ちょっと航空券が安くなるというサービスがあり、それに合わせたギリギリのタイミングで飛行機のチケットを手配したので、そちらの都合優先で上京するしかなかったのである。

夜行バスを使えば安いし良いじゃないかとツッコまれそうだが、僕の中ではさっそうと飛行機で上京する方がカッコいいという考えがあった。夜行バスの持っているイメージが貧乏臭いというか格好悪くて嫌だった。とにかく、行けば何とかなるだろうと上京してみたがやはりアパートの入居日は、どんなに頼んでも動かせなかった。東京はなんて融通のきかない、冷たい街なんだと、早速松山が恋しくなったが、ここが踏ん張りどころである。もう戻る場所はどこにもないのだ。

すべての家具や本などは松山で捨てるか、売るかしていたので、荷物といえばカバンに入れた数着の服、文房具、歯ブラシ……本当にそれくらいだった。

仕方がないので、僕は、高架下のような場所で、一週間野宿してしのぐことにした。段ボールすらない状態で、路上に寝ていると、いまだくすぶっていたプライドに苛《さいな》まれ、中学時代に担任の先生に「山田君は頑張れば東大に行けます」と言われ両親がそれを聞いて喜んでいる顔なんかも思い出され、なんなんだこの人生は、嘘だろ？　と思い、「あ〜あ……こんなに落ちるもんかね？……」と涙が大量に勝手に出てきて、これはヤバイぞと気合を入れなおした。

高架下といっても電車のそれではなく、街中の道路が軽く立体交差しているような、ちょっとした空間だったので、お買い物の主婦や、学校に通う子供たちも普通に通る。いつ通報されてもおかしくなかった。

面倒な事態を避けるため朝早く四時には起きて、延々と町を歩いた。その瞬間瞬間、「ちょっとそこのコンビニに行くんですよ」という感じを自分なりに出していたつもりだったが、傍《はた》から見れば、ホームレスが徘徊《はいかい》しているようにしか見えていなかっただろう。疲れると、公園のベンチに腰掛けて休み、うとうとして睡眠を稼いだ。

夜十一時くらいになると、高架下に戻って横になって眠る。そしてまた四時に起きて街を徘徊である。おかげで、上京数日にして、十年住んでる人間くらいのレベルでその街のマップが頭に叩《たた》き込まれた。公園で寝ようとも考えたが、そこには先住民のおじさんが何人もいたので、怖くて寝られなかった。

それを一週間続けた。一週間後、ようやく部屋に入居できた。

養成所

家賃、一万五千円、四畳半一間のボロアパートである。

場所は、池袋《いけぶくろ》の横の大塚《おおつか》という町。その時は、すぐにでも売れて、こんなところとはおさらばだと思っていたが、当然そんな都合のいい話はない。

ちなみにその後、さらに三畳八千円の部屋に引っ越すことになり、結局、この町に十年近く住むことになる。最もお世話になった街といってよいだろう。

僕の東京での生活が始まった。

お笑いの養成所は、当時地下鉄丸ノ内《まるのうち》線の赤坂見附《あかさかみつけ》、もしくは千代田《ちよだ》線の赤坂《あかさか》が最寄り駅で、TBSの近くにあった。住んでいた大塚からはかなり遠かったが、電車賃を節約するため、僕は、豊島《としま》区の北大塚から港《みなと》区赤坂まで歩いて通っていた。

天候、体調にもよるが、二時間ほどの道程。往復にすると、四時間くらいである。

空腹で長い距離を歩いていると、中学時代の通学を思い出した。あれはあれでしんどかったがあの頃はお金の心配もなく、空腹でもなかった。何故こんなことになっているのか。

それほどお金がなかった。とにかくお金がなかった。

貯めたバイト代と持ち逃げした大学の学費は、引っ越しの前後で消え去り、無事入居した時には三千円くらいしか手元になかった。極貧である。

入居からバイトが決まるまでの一週間、僕はポカリスエットの五百ミリリットル三本で、一週間しのいだ。三日目から手足がしびれ始め、力が入らず、「あっ、もう死ぬ……」と何度も思ったが、頼れる相手もなく、両親にも、友達にも何にも言わないで東京に来たので、どうしようもなかったし、死んだら死んだでそっちの方が楽だなと何となく思っていた。死ぬのはいいけど腹ペコなのは嫌だった。

養成所の授業では、音楽というか、リズムの授業があった。一体何のためになるのかと、全生徒から不評なヤツである。だが、僕にはありがたかった。みんな、紙コップを二つ使って作った入れ物に、あずきや生米なんかを入れたマラカスを作って持ってきていた。余りにお金がなく、何も食べていなかった僕は、仲間のマラカスから米を盗んで、家に持って帰って炊いて食べたこともあった。泥棒だ。

泥棒にもなったし、泥棒に入られたこともある。

上京して一月ほど経ったある日、養成所からまた二時間三時間かけて帰宅すると、部屋に警察が来ていて、綿毛が付いた、ドラマでしか見たことがない「あれ」で、窓ガラスにポンポンポンポンポン白い粉をつけている。

泥棒が入ったのは、その窓からだったようだ。白い粉の効力で手形がいくつも浮かび上がっていて怖かった。

僕の部屋は四畳半の風呂《ふろ》なしで、一階にあった。窓は通りに面しておらず、隣の建物との狭い通路、隙間に面していた。お金の余裕がなかったので、カーテンはしていなかった。まさかこんなボロアパートに泥棒が入るなんて思ってもいなかったので、うっかり窓の鍵《かぎ》をかけ忘れていたらしい。

しかも間の悪いことに、僕は、直近の肉体労働のバイトで稼いだ全財産、久しぶりに手にした一万八千円の大金を、その窓際に置いていたのだ。

警察の人が部屋の外、隣の建物との間の通路から、

「こんなところに置いちゃ駄目だよ〜、ホラ!」

と言って、窓の外から懐中電灯を照らした。

すると、すりガラスになっていて、部屋の中など外から見えないとたかをくくっていたのだが、懐中電灯の明かりで、きれいにすりガラスは透きとおり、部屋の中の僕から、警官の顔が綺麗《きれい》に見えた。向こうからも同じだろう。

こんなボロアパートを狙う泥棒の慈悲のなさに、僕は絶望した。なんでこの大都会東京で、成功者も山ほどいるのに、こんなところから。負け犬同士の取り合いなど支配者の思うツボだ。警察は白い粉の手形をそのままにして帰った。

緑の人との出会い

銭湯にも月に三度くらいしか行けなかったので、大体は、濡《ぬ》らした手拭《てぬぐ》いで体を拭《ふ》いて済ましていた。なのに片道何時間もかけて養成所に通っていたため、僕はかなりの異臭を放っていたようだ。実際、最近同期の芸人に当時のことを聞くと、「ホームレス同然だった」と口をそろえて証言する。

そんな毎日だったので、養成所ももうすぐ卒業というタイミングで、僕はお金と気力が尽きた。どれくらいお金がなかったかというと、同じアパートの一室に住んでいた大家さんが、遊びに来た孫が置いていったザリガニを飼っていたのだが、それを炊飯器でゆでて食べたくらいである。ちなみに、その炊飯器もゴミ置き場に落ちていたものを拾ってきたものだった。あえて食レポをするなら、とても美味《おい》しいエビを、泥まみれにしたような味がした。

すぐ売れるという妄想のもと、無計画でやってきていたが、そうではないという現実を早くも突きつけられ絶望的な気持ちになっていた。

結果、卒業公演を前に僕は、養成所をやめることになる。最後の脱出路もこれにて閉じた。閉鎖だ。もう自分の人生のすべてが終わった気がしていた。「こうなるだろうな〜、やっぱりな〜」とも思った。中学をやめ、大学もやめ、東京にまで来てやめた。もう駄目だ。

「まだ落ちるのか……」

はたしてお笑いの養成所をやめることが落ちるということなのかは分からないが。

人間、ずっと落下していると、はたして自分が本当に落ちているのかさえ分からなくなってくる。もう何もない。ここでも転落人生を食い止めることが出来なかった。

また「社会」に入って行けなかった。東京に居て、生活し、人と過ごした……でも僕は属していなかった。社会に属せていない。

よく、「社会の歯車になんかなりたくない」とバカな若者が言ったり、歌ったりするが、歯車になるのも難しいのである。立派だ。

歯車万歳だ。歯車になって親の敷いたレールを走りたいもんだ。

そんなある日、僕の部屋のドアが「ガンガン！」と鳴った。

建て付けが悪くグラグラしていたので、悪意がなくてもノックをすれば、そんな音がする。

「開いてるよー」

頑固で無愛想な寿司《すし》屋の主人のようにドアに背中を向けたまま怒鳴る。背中の方、僕の後ろでガラガラガラと引き戸が開けられた。

そこには、知っている男と知らない男が立っていた。

知らない方の男は何か物珍しそうにボロアパートを見渡している。一見して、どこか観光客のように浮ついた、そして偉そうに品定めするようなオーラを出していた。ちょっとムカついた。知っている方は養成所で同期だった市井《いちい》という男である。

そして、初対面の男こそ、現相方、樋口《ひぐち》であった。

多少劇的に登場させたが、彼らがキッカケで事態が好転するわけではまったくない。とにかく二人は僕をトリオに誘いにわざわざ家までやって来たのだった。

リセット人生

お金が尽きて、養成所をやめざるを得なくなった……といっても、本当はやめなくてもよかった。確かにお金は「死ぬほど」なかった。この場合の「死ぬほど」はただの喩《たと》えで片づけられない凄味《すごみ》をまとってはいるが。実際、歌やドラマではないが、ポケットに数百円の小銭しかない、それが全財産だなんて毎日。とはいえ、そうなのであれば、ごくごく「普通に」、アルバイトに精を出し、ごくごく「普通に」収入を得ていればやっていける。それがまっとうな生き方というものだ。

そもそも、養成所の授業料は、大学時代、アルバイトで稼いだいくらかのお金と、親が送ってくれた大学の授業料を持ち逃げしたお金で、最初に払っていた。つまり、これ以上の養成所の授業料の出費はないわけである。加えて、家賃は一万五千円と格安だったし、遅刻しそうな時とか、体調がよっぽど悪い時など、イレギュラーに、月に数回電車も使ってはいたが、前述した通り、基本的には徒歩で通っていたので、その手の出費も微々たるものだった。

もし、毎回、電車に乗っていたとしても、週に二、三回のことである。全体の出費には、ほとんど影響はない。光熱費とか食費にしても大した額ではない。服や靴なんかも上京して何年間かは買ったことがなかった。実際、その頃の僕は、二枚しか服を持っていなかった。

前述の通り、部屋に入居できる期日までの一週間、僕は、路上で寝ることを余儀なくされていた。その時、酔っ払いが僕の荷物にゲロを吐き、持って来ていた服のほとんどが駄目になってしまったのである。

もちろん、僕は寝ていたので、この目で見たわけではないのだが、朝起きて自分の荷物に、悪臭を放つ、「それ」がベットリとかかっていればどんなバカ探偵でもそれ以外の答えを導き出すのはむしろ難しいと思う。今、こうして書いていても、あの時の臭いを思い出せるほどだ。

最近、養成所時代の同期の芸人と話す機会があったが、やはり、「山田は、いつも胸元に〝ＡＲＭＹ〟と書いためちゃめちゃ汚いＴシャツを着ていた印象がある」と言われた。僕は、そのＡＲＭＹのＴシャツと、同じくＡＲＭＹのパーカーしか持っていなかった。なぜその時ＡＲＭＹにはまっていたのかは知らない。

靴も一足しか持っていなかった。「北大塚」から「赤坂」まで、頻繁に歩いていたので、もの凄《すご》いスピードでボロボロになっていった。が、これに関しては打開策があった。僕が住んでいたそのアパートの玄関には、大きな下駄《げた》箱があり、そこに他の住人、おそらく五、六人はいたと思うが、彼ら（女性は一人もいなかった）の靴が入っていたのである。

入居して、一か月も暮らしていると、他の住人達の生活パターンや、その職業なんかもおおよそ分かってくる。事実、向かいの部屋に住んでいた、多分、警備員の仕事かなにかをしている中年の男性からは、会うといつも、「頑張れよ！　応援してますよ！」などと、声をかけられたりしていた。向こうも向こうで、僕のことを何となく知っていたのだろう。情報元は大家に違いない。おじさんに、そう言われる度、顔はニコニコしながら、心の中では、「お前が頑張れ！」とツッコんでいた。

要するに、僕が外出する間、絶対に出かけない何人かの住人に目星をつけ、その人達の靴を、勝手に順番に履いていたのである。靴の持ち主達は、自分の靴の底の減り具合、その速さに首をかしげていたに違いない。それはそうだろう。普通の靴と違い、倍の、二人分の人生を運んでいたのだから。

前述の通り、銭湯は月に三回程度。大きな出費ではない。

まとめると、毎月、最低、五万円~八万円もあれば、僕はとりあえず生活できたのである。食べたいものも食べず、電車にも乗らず、風呂にも入らず、服も買わず、ただ暮らす。はたして、それを「生活」と呼べるのかは分からないが。

ちなみに、それくらいのお金を稼ぐには、日雇いの労働なんかだと、頑張れば、大体一日一万円くらいは稼げるので、毎月五~八日バイトすれば十二分に足りる。つまり週に一、二回バイトすればいい話なのである。授業は週に二、三回だったからそれでも休みの日が週に二日以上はある計算だ。

それすらもできない。駄目人間である。

上京して半年、電車に乗れなくても、週に何回かしか食べられなくても、それもパン一つしか食べられなくても、遊んだり、楽しいことをまったくできなかったりしても、とにかく僕は働きたくなかった。「働いたら負けだ」とさえ思っていた。一体、何と戦っているのか分からないし、そもそも負けている。

大学時代、一日だけ家庭教師をした時、サッカー選手になりたいから勉強なんて意味がないと言った中学生に、「そんなことが許されるのは、現時点でユースチームの絶対的なレギュラーで活躍してる、選ばれた人間だけだ!」と偉そうに説教したのと同じ人間とは思えない。僕はまさに、「お笑い芸人になるのだから、バイトなんてしなくていい……いや、したら駄目だ!!」と思っていたのである。

加えて、何の根拠もなくすぐに売れると勘違いしていた。いや、それくらいの華々しい好スタートを切らないと、帳尻《ちょうじり》が合わないという気持ちが強かったのである。せっかく入った大学もやめ、誰にも言わずに失踪《しっそう》同然で上京し、お笑い芸人を目指したのだ。なのに、アルバイトに精を出し、日々の屈辱に耐えるなんて無理だ。そんな屈辱を味わうくらいなら、その頃にはすっかり僕の十八番《おはこ》になっていた、「リセット」をするしかない。それを発動し養成所をやめたのである。土俵に上がらなければ、評価されることもない。評価されなければ、屈辱を味わうこともない。あれだけ悩まされた「神童感」の名残がまた微妙にカタチを変えて、僕を再び苛《さいな》み始めていた。

雪山で遭難し、ちょっとした洞窟《どうくつ》に逃げ込む。

寒さと空腹、そのさなか、ポケットを探ると、ひとかけのチョコ。救助が来るまで、これでしのがないと駄目なのだ。そういうことなら理解できるが、僕の場合は、それで一生食っていこうとしていた。

あるいはすぐに救助が来ると見込んで、一口に食べてしまうような、そんな愚行であった。

要するに、何にも考えていなかったのである。土台無理な話だ。

養成所にしても、少なくはない入学金を払った。本来ならそう簡単にはやめられない。普通ならやめられない。しかし、結局、ことここにいたっても、僕にとっては、この人生は軽かったのである。そんなことがいとも簡単に決断できてしまうほどに。

ツール・ド・借金

さて、養成所をやめ、僕はしばらくの間、一人でいくつかのお笑い事務所のオーディションを受けたり、ライブのオーディションを受けたりしていた。結果、何度か舞台に立つ機会もあったが、そんなものに出たからといって、明日《あした》からスターになるわけではない。ただ「出た」というだけの話、それ以上でもそれ以下でもない。

一人で活動しているその時も、それまでも、「絶対に芸人として成功してやる！売れてやる！」などという、若手芸人らしい、ガツガツした熱いモチベーションはなく、正直なところ、「他に特にやることがない」というのが一番大きな理由だった。何度となく書いてきたが、もう人生そのものが、手持ち無沙汰《ぶさた》な状態になっていた。相変わらず、人生が余っていた。

では一体、生活していくためにどうしていたのか……消費者金融での借金である。たまに思い出したようにバイトをするにはしていたが、続かない。そもそもしたくないのだ。それを生活費に充てていた。

大体、生活費を借金で賄うという発想がもう終わっている。

最初は一社で、五万円程度のことから始まった。借りる時は、「これで、当座はしのげる。これがあるうちに、バイトを見つけて、バリバリ働いて生活を立て直すんだ！」そう思う。一見、いたって前向きな正しい考えだ。しかし未来の自分に期待をかけ過ぎるのもいけない。未来、ましてや数週間後の未来の自分である。「今」の自分とそうそう劇的に変化したり改心したりするはずもない。先物取引で一番ヤバイ銘柄は「自分」である。

結局、たまに繋《つな》ぎのバイトくらいはするが、それで生計を立てる、あるいは立て直すほど、しっかり働かない。何度も言うが、基本的には働きたくないのだ。するとまた借金することになる。それが十万円、二十万円と増えていき、最終的に五十万円まで膨らむ。

その都度、「今度こそ、ちゃんとやるんだ。立て直すんだ。できるはずだ……とりあえずこのお金で腹ごしらえだ！」となり、数週間が経ち自分にかけた博打《ばくち》に負け、借金する。

向こうも、「ご利用は計画的に」と注意は促してくれるが、そもそも、計画的ではない人間が借金するのだから、その警告に効果はない。

借金をすれば、当然、返済もしなければならない。その返済のためにまた違う会社から借金をする。そしてそれにも、毎月、返済する時には、利子が付いてくる。それが、二社、三社となり、最終的には、合計で三百万円を超えるほどにまで膨れ上がった。利子だけで毎月二桁《ふたけた》万円になった。

その頃になると、もうアルバイトはしないなどと言ってられないので、コンビニで働き始めた。そのコンビニは、店長のご厚意で、売れ残った、賞味期限切れの弁当を食べることができた。これは食費が助かって本当にありがたかった。当時の僕にとって、これはご馳走《ちそう》の部類だった。

アルバイトをしても、借金返済のことがあるので、食えるものといったら、近所のスーパーで夕方値引きされて安くなったパンとか、そばとかそんなものが買えれば良い方だった。これもご馳走である。

さらには、コインランドリーの洗濯機の下、自動販売機の下、そういうところを探っていると、たまに小銭が見つかる。百円玉でも見つかれば大喜びであった。

アパートの大家のお婆《ばあ》ちゃんが捨てるゴミにも、たまにお饅頭《まんじゅう》だとか、ラスクのようなものを、おそらく、一人で食べ切れなかったのだろう、そのまま捨てている時があった。そういうゴミを、「僕が捨てておきますから」と言って、一旦《いったん》引き取り、中から探し出して食べる。

あの時代の僕の体、筋肉も脂肪も、骨も、脳みそも、すべて「ゴミ」から作られていたことになる。文字通り、ゴミ人間である。そんな生活をしながら、不思議とお腹を壊したこともなかった。丈夫に生んでくれた親に感謝である。

余りの空腹の毎日に、街を歩いていて、小学生や中学生や高校生……とにかく苦労を知らなそうな若者が、無駄に何か食べてたりすると殺意を覚えた。お前らが今、普通に食ってるハンバーガーを俺が食うのはなんかの記念日やぞと思った。そして、記念日などこちらの人生にはないんだぞと思った。いやしくて、情けない話だが、食べかけで捨てないかなーと本気で待ち受けたりもした。

とにかく、コンビニでアルバイトをし、時には工事現場で肉体労働もかけ持ちし、それで稼いだお金を毎月の利子に充てる。

その手の会社の店舗は大体、同じビルに集中して入っており、まず、ビルの最上階にある会社に行って、元本と利子を毎月の分返し、すぐに先程いくらか返した元本を引き出す。引き出すと言っているが、自分の口座ではないのでこれも借金だ。

そしてすぐ下の階にある会社に行って、同じことをやり、また下の階へ。ビルを出る頃には一月稼いだアルバイト代はビルに濾過《ろか》されほんの数滴になっている。

まさに、自転車操業である。その漕《こ》ぎっぷりたるやあの自転車レースの最高峰、ツール・ド・フランスでもいいところまで行くんじゃないかと思うほどに、僕は「シャカシャカ」と借金返済のペダルを漕いでいた。

それだけやって返済しても、まさに焼け石に水、あるいは、焼けてない石に肉であった。意味は同じである。

利子だけで二桁万円になってはもうお手上げ。

債務整理をすることにした。

当時、愛読していた漫画、『ミナミの帝王』にそんな話があって、「これしかない!」と思い立ち、すぐに弁護士事務所に連絡し、相談をした。それで随分返済は楽になった。

「萬田《まんだ》はん」のおかげである。

0人間

すっかり忘れていたが、僕と樋口と市井はトリオを結成していた。養成所をやめてしばらくしての出来事である。

と言っても、活動期間は約一年間。活動していたといっても、事務所にも入れず、ライブのオーディションを受けては落ち、鳴かず飛ばずもいいとこで、全く何の結果も出せなかった。一度お笑いライブのゴングショーに出演したくらいである。

ほどなく、先の見えない戦いに嫌気がさしたのか、市井が「役者になりたい」と言って、やめて行った。

残された僕と樋口は、いろいろ話し合った結果、二人でコンビとしてやって行くことになった。

三人の中で、市井がもっとも「華」があると考えていたため、残された華のない二人は途方に暮れたが、僕は、養成所時代、何人かの人間とコンビを組んでは解散を繰り返していたこともあり、コンビを組む上で一番大事なのは解散しないことだと考えていた。

お笑いの才能より、女の子に人気の出そうなルックスより、まずは長く組むことが大事だという結論に達していたのである。正直、樋口の書いてくるネタも、自信ありげに言ってくるアイデアも、その他諸々《もろもろ》、何一つピンとは来ていなかったが、それでも「続ける」ということの方がメリットが大きいと考え、二人でやっていこうと決めた。

僕は、養成所時代も感じていたことなのだが、芸人になるような人は、もっと人間的に破綻《はたん》した、やぶれかぶれの駄目人間ばかりが集まってくるものだと思っていたのに、実際のところ、みんなちゃんとしていた。それがショックだった。騙《だま》されたと思った。

みんな上手《うま》くやっていた。上手くやれない人の集まりだと思っていたら、むしろ上手い人の方が多かった。それは、樋口や、市井にも言えることで、彼らもご多分に漏れず、上手くやっていた。まず生活からして僕のようではなかった。

市井は、大学に籍を置きながら芸人活動をしていたし、樋口も、ちゃんと大学を卒業してから、東京に来ていた。

そもそも、彼らは人脈も多く、普通にサークルだなんだと大学生活も謳歌《おうか》してきたようであったし、実家との関係もおおむね良好、東京でもキチンとアルバイトもして、借金もない。

僕のように、特攻隊のような、片道切符の後先考えない生き方はしていなかった。

それはつまり、いつでも芸人などやめて就職できるということであって、僕はそのことを、常々彼らに言っていた。

「俺とお前らでは、本当は全然立場が違う！ お前らは、最悪芸人やめても、売れなくても、就職できる。でも、俺みたいに、学歴がない、借金はある、友達もいない、人脈、コネもない、実家とも断絶している、こんな人間はもう就職などできない！ 俺にはこれしかないんや！ これアカンかったら死ぬしかないねん！ 所詮《しょせん》、お前らはセーフティーゾーンでやってるに過ぎないねん！」

一緒にお笑いをやりながらも、僕はある種、疎外感を味わっていた。当然、彼らは

「やめないよ！　一緒だよ！」と言うのだが、一切信用ができなかった。そういう人間になってしまっていた。

とにかく、自業自得な部分ばかりだが、あらゆる面で、何も持っていない状態、持たざる人間、「0人間」だったので、そういう過剰な不信感に常に苛《さいな》まれて生きてきたのである。ゴミ人間で0人間。ゴミ0人間……エコだ。貧乏なヤツ、不幸なヤツ、おかしなヤツ、いろいろいるが、これほどまでに持ってない人間を見たことがない。

しかし、今考えると、この樋口という男もたいがいおかしなやつである。僕と市井は養成所内で一度コンビを組んだことがあった。しかし、樋口に至っては、その市井が間に入って初めて知り合った人間である。しかも出会って一年も経っていない。それくらいの付き合いで、よく一緒にやって行こうとなったなと、不思議ではある。

そこから、今の事務所に入り、ポツポツ深夜のテレビなんかに出られるようになったのが、2005年頃だろうか。当然まだ食えはしないが。

三畳八千円、風呂なし、念仏あり

樋口に出会ってしばらくして、僕は東京で二度目の引っ越しをすることになる。思い返せば、何も持たず、ほとんど手ぶらで上京してきた。四畳半、家賃一万五千円の風呂なしアパート。お金も何にもなくて苦しい毎日。随分長く住んだと思っていたが、振り返れば二年に満たなかった……こんな言い方をすると、サクセスして引っ越するといった印象だがもちろん違う。

いろいろ苦しいので、家賃を下げられないかと思ったのだ。しかし、元々一万五千円という超破格の家賃である。さすがにどれだけ体が柔らかくてもこのリンボーダンスはくぐれない。これ以上の、いや、これ以下の物件などない。一か八《ばち》か、町中の不動産屋さんを訪ね歩いた。カウンターで、いかにも、夢いっぱいだがお金がない好青年を演じて哀れを誘い、交渉していく。

すると……あった。

もう八軒目くらいの小さな不動産屋だったろうか。地元密着の店である。相手の「若者を助けてやってる俺の方が上だ」という気持ちをくすぐりながら喋《しゃべ》っていると、「分かった……ちょっと聞いてみるね」と言ってくれた。

電話をしているのを聞いていると、何やら、大家さんと直接交渉してくれている。祈るような気持ちで電話が終わるのを待っていると、不動産屋のおじさんは、僕に向かってオッケーサインを出した。それを出すまでの「間」が長くて、ちょっと調子に乗ってて、うっとうしかった。

新天地は、同じ町内の、数百メートル離れたところにある、別の……ボロアパートだった。

（まだ下があるのか……）

ボロアパートからさらなるボロアパートへ。転落はまだ終わらない。言い方は矛盾しているが、僕は、青天井で落下し続けていた。

月に一万五千円、この程度のお金が捻出《ねんしゅつ》できないほど、当時の僕は追い詰められていた。引っ越し先のアパートは、敷金も礼金もゼロである。そもそも八千円にまで下げないと借り手が付かないような物件に、「礼」も何もあったもんじゃない。礼など必要ない。厚かましい。よって、今住んでいる四畳半を出れば、ほんの少し戻ってくる敷金の分、正確には、家賃二ヵ月分の三万円が戻ってくる。

新しいアパートの家賃は八千円。最初の家賃を払っても、二万二千円残る。

その二万ちょいが欲しくて、それでとりあえずご飯を食べたくて引っ越しを決意したのである。もちろん今後、その差額、七千円が毎月浮くというのも魅力ではあったのだが。ここで引っ越さないと大変なことになると思ったのだ。その判断自体は大正解だった。なぜなら、それから十年近く、僕は三畳を脱出できないことになるからである。

引っ越し自体は、徒歩で一回で終わった。段ボール二つを新居の大家に借りた台車に載せて、運んだ。それで終了である。

僕が引っ越した次なるボロアパート。名前を、「勝浦荘《かつうら》」という。大家さんの名前からとったネーミングだったようだ。僕にとって初めての「荘」だった。「荘」という言葉はいい。おそらく、それまでに読んだ本や漫画の影響だろうが、僕は「荘」という言葉に何か前向きな明るい未来を想像させる、「善」とか「正しさ」と言ってもよいような、そんな印象を持っていた。お金はないけど、夢や希望にあふれる未熟な若者たちが、ある時はぶつかり、ある時は団結し苦楽を共に生活する、そんなイメージ。そして「荘」には、マドンナ的存在もいて、何かドキドキするような、一悶着《ひともんちゃく》を起こしてくれるに違いない。

現実は違う。

そのアパートには、部屋が五つほどあったが、僕が来る以前から埋まっているのは二部屋だけで、僕が最後の入居人だった。イメージとしては、木賃宿といった感じか。何をしているのかよく分からない、社会の歯車になれなかった人達の吹き溜《だ》まりのようなところだった。一日に何度も奇声が聞こえた。

間取りなどない。

僕の部屋は元々、大家のお婆《ばあ》ちゃんの旦那《だんな》さん、その人は新聞記者をしていたらしいのだが、もう亡くなっていて、その旦那さんが生前、大好きな釣り道具を置いておくのに使っていた、倉庫のような空間だった。

座敷牢《ざしきろう》のような部屋である。

通りを少し大きな車、トラックが通るとそれこそ震度五くらいの揺れが起こる。部屋自体がトラックの荷台に乗っているかのような揺れ方だ。部屋が三畳と狭かったので、僕はなんとか空間を上手《うま》く利用した。その部屋にはかろうじて押入れがあった。

押入れといっても、下の部分しかなく、部屋の床と同じ高さにある。平屋の押入れというか、足元に収納がある、そんな感じのものだった。僕はその押入れの引き戸を取っ払った。すると、三畳の部屋がちょっと拡張され、丁度一畳分くらいのスペースが新たにでき上がる。そこに布団を敷き、寝ることにした。

それは良かったのだが、どうにも都合が悪いこともあった。

押入れの床の下、つまりアパートの一階部分は大家さんの居住スペースになっていたのだが、ちょうど僕が寝ている真下に、亡くなった旦那さんの仏壇があるらしく、毎朝五時くらいに、チーンと聞こえてくる。

老人の朝は早い。そのチーンという音とともに、大家さんが唱える念仏が南無南無と聞こえてくるのだ。僕は毎朝念仏を目覚まし代わりに起きていた。ありがたい念仏を背中に浴びながら、そのまま僕自身が成仏してしまうのではと怖くなった。

大家さんとの攻防

大家さんとはよく喧嘩《けんか》もした。

「女一人だからって舐《な》めないでね！」

というのが彼女の決め台詞《ぜりふ》であった。八十歳も近いお婆ちゃんが自分のことを「女」と呼ぶのは新鮮だった。

彼女は、僕のことを「山田さん」と呼んだ。

何か用事があると、階下から「山田さ〜ん」と聞こえてくる。ただただ家賃の催促の場合が多かったが、それも話し込んでいるうちに雑談や、世間話、近況報告になっていく。大家さんの話を聞くのも僕の仕事のうちだった。しかしなにせ話が長い。ふと気がつくと、四時間たっているなんてこともざらにあった。

話題は大体が昔話で、自分は本当はとてもお嬢様の家柄で、若い頃に、亡くなった新聞記者の旦那さんに見初められて嫁いで来たこと。子供も優秀で、時々来ては面倒を見てくれること。最近、社交ダンスを始めて楽しいこと。ありとあらゆる話をした。最終的には、最近、麻雀《マージャン》を始めたので、早く家賃を入れて欲しいというのがお決まりのパターンであった。寂しかったのかもしれない。実際彼女の子供や孫が来ているのを見たことがなかった。

アパートの一階部分、大家さんの家の玄関先で僕は半身外、大家さんは家の中、そういう状態でよく話をした。彼女は、残された寿命をすべて趣味に使っていた。社交ダンスに麻雀、お友達との旅行、お菓子作り。こんなに遊び呆《ほう》けている人間だ。どうせ年金もたんまりもらっているのだろう。それなのに、俺のようなこれからの若者がなぜ金欠に苦しまないと駄目なんだ……まさに「ラスコーリニコフ」の心境だったが、家賃を滞納している手前、そのトークの時間を断るわけにもいかない。

何度か、家に上げて下さい、中で話しましょう。そう言ってみたのだが、彼女は決して家には上げてくれなかった。なぜかそういう時だけ、若い女性のような用心をする人であった。十年近く住んでみても、結局その垣根は越えられず、家に上げてもらうことはついになかった。

「あたし」……大家さんは自分のことを、そう呼んでいたが、ある時、「あたしも社交ダンスとかで忙しいし、お金がかかるんですからね！」と家賃をためていることに対して文句を言われたことがある。当然のことなのだが、この一言を聞いてから、僕は何のアルバイトをしていても、大家さんが社交ダンスや趣味に通うためのお金を稼いでいるという錯覚に陥ってしまい、元々乏しい労働意欲をさらに削られることになる。

家賃をためていたと書いたが、部屋を出る直前には、最大、二年分の家賃を滞納していた。普通ならそんなことになる前に追い出されるのだが、そうはならなかった。僕は、普段から、月末の家賃の日に向けて、ジャブのように細かな恩を売っておくという手法を駆使《くし》していた。

庭の大きな鉢植えは重い。何かの折に、その鉢植えを動かしてあげたり、秋には、柿の実をとってあげたり、常日頃から、大家さんの玄関先を掃き掃除してあげたり、とにかくマメに細かく恩を売った。一度、社交ダンスで足を挫《くじ》いた時なども、病院まで連れて行ってあげた。そういうことを積み重ねて、迎える月末。

「山田さん！　今月こそ家賃払って下さい！」

「いや〜、実は今月入る予定やったお金が、向こうのミスでまだ入ってなくて……」

「先月もそんなこと言ってたじゃないの！」

「いや、ほんとに、僕も困ってるんですよ〜！」

「あたしも、そんなお金持ちじゃないの！　細々とやってるの！　これじゃ、今月社交ダンスも行けませんよ！」

時には、僕が出すゴミの中身をチェックして、「最近、いいお弁当よく食べてるわね？　もうお家賃払えるんじゃないの？　何なら全部払ってもっといいところに引っ越せばいいじゃないの？」

などと嫌みを言ってくる。その弁当は、廃棄のヤツだが。前述した通り、僕も大家さんのゴミをチェックしていたが、これがあったので罪悪感なくできたのだ。

「親御さんに電話しましょう」という時もある。彼女なりに現状を何とかしたくて言ってきたようだったが、僕は絶対に実家の連絡先を教えなかった。最初の契約の時も、嘘の連絡先を書いていた。急遽《きゅうきょ》、倉庫代わりの空間を貸すということで、諸々《もろもろ》簡略的な契約だった。不動産屋も儲《もう》けがないものだからその辺は適当だった。月八千円の家賃。一年分でも十万円に届かない。正直、今の家の一月分にもならない。そう考えれば、大出世である。

とにかく、最終的には二年分の家賃を滞納していた。よく、芸能人の昔話、美談の中に、「東京のお母さん」なんてワードが出てくるが、そもそも、実の母とも疎遠な僕である。「お母さん」という言葉に、気味の悪い郷愁を感じたりはしない。だが、この大家さんは、僕にとって東京のお母さんだった。年齢的にはお祖母《ばあ》ちゃんだが。

この人のこの部屋を貸してもらえなかったら、最悪死んでいたかもしれない。結局、なんだかんだ文句を言いながらこの大家さんに生かされていた。

ちなみに……一度売れた時、ようやくたまりにたまった家賃を払えると思い、二年分に随分色をつけて、大家さんに渡した。僕は感謝の気持ちと誇らしい気持ちで一杯だった。

中身を見た彼女は、「もっとちょうだい！」と言った。そっくりそのまま書いている。「稼いでるんでしょ？　もっとちょうだい！」笑いながらそう言った。

とてつもなく彼女らしい一言だった。

僕は……あげなかった。そうしても彼女は受けとらなかったろう。

バンドマンの死

一方、本業、といってもそれでご飯を食べていないので本業とはいえないが、芸人活動の方はというと、コンビになってから、事務所に入り、苛酷《かこく》なロケ番組に、一年間ほど行ったものの、帰ってきても特に人気者にもなっておらず、かろうじて、スポーツ新聞の連載のレギュラーを持つことはできたが、もちろんそれだけで食えるはずもなく、相変わらずパッとしない毎日だった。

その時していたアルバイトは、工事現場の荷揚げだった。

当時彼女もできて、少し真剣にいろいろ考えなければと思っていた。なのでアルバイトもちゃんとしなければ駄目だと初めてまっとうに生き始めようとしていた頃だった。何の人脈もなく、お金もなく、能力もない人間が、すぐにできる仕事といえば、肉体労働しかない。

このバイトの連中は、なぜかノリが荒くれ者で、もちろんいけないことではあるが、現場が終わって帰る時、同じ電車に乗っていると、酒を飲みだし、車中で平気でタバコを吸うようなヤツまでいた。何年も昔のこととはいえ、当然当時でもそんな蛮行が許されるはずもなく、周囲は眉《まゆ》をひそめていたが、僕はなんとなく楽しかったというか、面白かった。

人生で初めて接するノリの男達だった。

とにもかくにも、借金を返すためと、付き合い始めた彼女に何かものを買ってやるために働かなければならない。

荷揚げとは、部屋の壁や内装なんかに使う、石膏《せっこう》パネルとか、軽量鉄骨、とにかく担げるものなら何でも人の力のみで、まだ建築中のマンションの上階に揚げていく仕事である。その資材を使って、職人さん達が次々と現場を仕上げていくわけだ。高層マンションの場合は、現場に資材運搬用のエレベーターがあるので、比較的楽だが、中途半端な階数のマンション現場だと、そのエレベーターもないので、人力で階段を上って行くしかない。これはとてつもなく激しい肉体労働で、僕は心身ともに疲弊しヘトヘトになっていた。実際今も腰骨を圧迫骨折している。

そのバイト先にはいろいろな人間がいた。ボクシングをやっている若者、大学生、バンドマンもいた。バンドをやっている男とは、友達というわけではなかったが、お笑いとバンド、同じ業界を目指すものとして親近感は持っていた。

その朝、事務所で会った時、そんなに仲が良いわけでもなかった彼が声をかけてきた。

「今度ライブするから見に来てよ!」

うろ覚えだが、確かちょっと大きめの会場でライブを主催するので手売りのチケットのノルマが大変だということだったと思う。

借金もあり、彼女もできて、金欠も金欠だったが、僕はチケットを買ってあげた。デートに丁度良いと思ったのか、「同志だ」という気持ちがあったのか。三千円くらいだったろうか。誰も知らんバンドやのに、えらい高いな。バンドって良いな。そんなことを考えていたと思う。とにかく、当時の僕としては、破格の出費であった。

夕方、現場を二つ終えて事務所に帰ってくると、なにか雰囲気がおかしい。この辺も、その日だったのか、後日だったのか記憶が定かではない。確かなのは、僕がチケットを買った、そのバンドマンが、現場のマンションの上階から、転落して死んでしまったということだった。

安全帯と呼ばれる装備がある。高所の現場では、腰に巻き付けたそれを、必ずどこかにひっかけて、身の安全を図らなければならない。それを怠ってしまったらしい。

バイト先ではベテランの域だった彼。油断してしまったのか、ライブを控えて浮ついていたのかそれは分からない。とにかく、一緒にアルバイトをしていた人間が今は死んでいない。その事実に愕然《がくぜん》とした。

僕は、そのバイトをやめた。怖くなったというより、正直体がきつくて、やめるキッカケを探していただけだったが、同じ業界を目指している、同じバイトをしていた人間が、こうもあっさり、クリーニング屋の売り文句のように、朝会って夕方死んでしまう現実、そのことに少なからず動揺していた。こんな簡単に死ぬならちゃんとやっといた方がいいな――……そんな風に思った。

浮気と乾杯

ちなみにこの時付き合っていた女性とは、結果八年間お付き合いすることになるのだが、貴重な修羅場を経験させてくれた。簡単に言うと、彼女の浮気相手と話し合うという、元引きこもりからすると、夢のような恋愛のステージを体験させてもらったのである。実際はそんな悠長な心境ではなかったが。

ひょんなことから発覚した、彼女の浮気。僕はその、当時の彼女の浮気相手に連絡をとり、待ち合わせした。いくつかの仕事を終えてから、待ち合わせ場所にタクシーで急ぐ。

最初、浮気相手の男は、待ち合わせ場所を喫茶店でいいですか？　と言ってきたが、それはまずかった。自意識過剰な僕は他のお客さんに顔ばれすると面倒なんじゃないか？　と考えたのだ。ちなみにこの時、僕は一回売れていた。

彼女に聞いたところによると、相手は僕という彼氏の存在は知っているが、芸人だとは知らないという。なんだそれ。とにかく、理由は深く言わずに、喫茶店は駄目だと伝えると、彼は、仕事で営業車に乗っているので、その車の中でどうですかと言ってきた。そうした。

どこそこの交差点に、こういう車を止めて待っていますという、その浮気相手の指示通り向かうと、たしかにそれらしい車が止まっている。すぐ後ろにつけ、タクシーを降りた。

長丁場になるといけないと思い、近くの自販機で缶コーヒーを二本買った。一本は自分の分、もう一本はもちろん、相手の分だ。こんな時に何の気遣いだと思うかもしれないが、とにかく、舐《な》められたくなかったというか、缶コーヒー、一本分だけでもそいつの上に立ちたかったのである。

助手席側の窓ガラスをコンコンと叩《たた》いて、ドアを開けた。運転席の若い男は、日に焼けた、スポーツマンタイプだ。実際、話してみると、スポーツマンで、社会人のサッカー選手だった。相手はしばらく黙って僕の顔を見た後、「あっ！」という顔になった。

僕はそれを見て、

「そうだ！　びっくりしたろ！　お前が寝取った女の彼氏は貴族なんだよ！　ビビったか！」とほくそ笑んだ。しょうもない男である。

動揺する彼を見ながら、「ここでえーのかな？」と、車の助手席に乗り込み座る。大人の余裕で、缶コーヒーを、「これ、良かったら！」と相手に渡す。「あっ、ありがとうございます……何かすいません」と恐縮する彼。かましが成功した。

そして、「で、まあ、話は大体聞いたけど、一応、君の口からも経緯《いきさつ》を教えてくれるかな？」と話を促す。余裕だ。大人である。詳細は省くが、よくよく聞くと、最初は彼氏がいるのも知らなかったなどの事実が出てきて、結果、男の僕からの意見だが、彼は悪くなかった。

すっかり毒気を抜かれ、あやうく意気投合しそうになった僕は、彼に一言、「分かった。後は彼女の判断に任せよう！」、そうビシッと言って、車を出た。結果、僕が振られた。

帰りのタクシーの中で、ふと、「缶コーヒー、二本用意したの、乾杯しようとしてたのかなとか思われたんちゃうかな？……」という、場違いな不安にかられ、自分の格好悪さに辟易《へきえき》した。一年前からその女性とは同棲《どうせい》していたのだが、家にはもう誰もいなかった。しかし、彼女には感謝している。おそらく、ゲームなら、レベルアップを知らせる、電子音が高らかに聞こえたであろう。元引きこもりのホームレス同然だった男が、一人の女性を巡ってこんな修羅場を、こんな高度な男女のいざこざを経験できるまでに成長したのだ。感謝である。

そんなわけで、僕は一回、まあまあ売れていた。芸人を志した当初の予定とは随分違ってしまい、シルクハットをかぶり、ワイングラスを持っていたが。ゴミを食って生きてきた人間が、焼肉を食べるようになった。たまには人に奢《おご》れるようにもなった。

電車にも乗れず、いつも歩いて汗だくになっていた人間が、気軽にタクシーに乗れるようになった。

借金も完済し、あのビルにはもう行っていない。

そして、あれだけ長年引きこもって、対人恐怖症の気すらあった僕が、何十人、何百人、時には何千人の前で、漫才をしたり喋《しゃべ》ったりしていた。

分からないものである。

２００８年。

僕は生まれ育った地元の町の駅に立っていた。近くで仕事があり、何となく立ち寄ったのである。実に十五年ぶりのことだった。

夕刻、駅の前のちょっとした広場で、西陽の中、小学生の男の子が一人でサッカーボールを蹴《け》って遊んでいた。

ふとこちらを見た彼は、数秒固まった後、踵《きびす》を返し駆け出しながら、「貴族だ、貴族が帰ってきた〜！」と叫んだ。

まさに映画のような帰還。

僕は、かつて家族で訪れたあの駅のそば屋で天かすそばを食べた……もちろん、スタンディングで。

今ならあの少年はなんと言うだろうか……。聞きたかないが。

社交が苦手で芸能人の友達がいない。そういう意味ではまだ引きこもりである。

第6章 引きこもり、親になる

親になって

結婚し、娘が生まれ、引きこもりだった僕は親になった。

自分が、男ばかりの三人兄弟だったこともあり、ずっと娘が欲しいなと思っていたので嬉《うれ》しかった。これまでの人生で、随分とひどいマイナス思考になっており、心のどこかで、「俺が娘が欲しいと思っているってことは、そうはならないんだろうな……」と早くから、確信めいた諦《あきら》めの気持ちがあった。その分余計に嬉しかった。

どれだけのマイナス思考かと言えば、娘が生まれてからしばらくは、朝起きたら娘が死んでるんじゃないか、こんなうまい話はない、必ず邪魔が入るはずだと気が気じゃなかったくらいである。

夜何度も起き出しては、娘の顔に耳を近づけ息をしているのを確かめた。妻にうっとうしがられた。

少し大きくなって、公園なんかで、遊ばせていても、「今、この瞬間、こぶし大の隕石《いんせき》が飛んできて、娘の頭にぶつかり頭の上半分がボコンとなくなって、もう娘の魂は宿していないだろう体だけが、二、三歩歩いてぱたっと倒れる」みたいなグロテスクな光景が頭に浮かんでくるし、道を歩いていても、基本トラックが突っ込んでくると思ってしまう。そういう妄想にとりつかれては、川から上がりたての犬のように全身で身震いして、隣にいる妻に、「えっ、怖っ！　どうしたの？」と引かれる始末である。

家中の「角」にゴムをとりつけた。子供がぶつかって怪我をするのを防ぐグッズである。ぶつかっても痛くない。

角に当たると痛いということを知らない娘は、無防備に角に向かって行く。それが見ていて怖い。家の中は大丈夫だが、外に出てまで角にゴムは貼れない。ましてや、他人の心にもゴムは貼れない。いつか人の悪意やなにかの「角」にぶち当たるだろう。それも怖い。

風船で遊んでいると、割れないか心配である。割れた時に、どれほどのショックを受けるのか想像すると、僕は、娘が寝てしまった夜のうちに風船自体を隠してしまう。そんなこと知らない方がよい。

しかし、もし割れることを教えないで、そのまま大人になり、初めて風船が割れるのに出くわしたら娘はどうなるのだろうか。

先日、彼女が風船の上に勢い良く座り、「パン！」と盛大な音を立てて割れた。娘はそれがツボに入ったらしくゲラゲラ笑っていた。そんなもんだ。

とにかく、娘が生まれたことは、僕が、人生で初めて思い描いたことをそのまま、百点、百%で手に入れることができた瞬間だった。妻に娘の名前をつけてくれと言われた時、最初は断った。正直嫌だった。

こんな生き方しかしてきていない人間が名前をつけたりしたら、何か娘の人生に、思いもよらないような、超自然的な不都合、運気が悪くなるとか、その手のことが埋め込まれるんじゃないか、と本気で恐れていた。何か呪いのようなものが。今でも、なるべく僕の影響を受けないで育ってほしいと思っている。こんなもんに関わるとロクなことはない。

それでも妻に「お父さんが名前をつけてくれた方が娘も将来喜ぶから」と持ち上げられその気になった。

そもそも自分の名前が嫌いなのである。

「山田順三」…「順三」……「順番が三番」。

英語なら、Ｎｏ．３。

小さい頃から名前を呼ばれる度に、テレビや本で見聞きした、囚人が番号で呼ばれて、点呼されているようなイメージが、頭に浮かんで来て気分が悪かった。当時はもちろん、「キラキラネーム」なんて言葉はなかったが、自分のに比べれば、他の子達の名前ははるかにキラキラしていた。

結局、自分の名前に一体どんな親の「愛」が、「願い」が込められているのか、そんな基本的なエピソードも装備しないまま、人生を過ごしてきた。つけた側にはそれなりに理由があるのだろうが聞いたことはない。

自分の名前が番号みたいな無味乾燥なものなので、娘には何か素敵なエピソード付きの名前をあげたかった。何より、ポップな感じの名前にしてやりたかった。かといって、今はやりの「キラキラ」している名前も重荷になるだろう。

徳川家康か誰かの言葉で、「人生とは、重き荷物を担いで歩いていくようなもの」という名言があるが、その荷物、袋に、一番最初に入れるのが、名前だと思う。それが、ごってりキラキラした、ダウンロードに何分かかるねんというような重たいヤツというのは、親の勝手でしかない。それに、それだけの重荷であったり、いじられポイントを作ってしまって、死ぬまで守ってやれるほどの力も僕にはない。

そんな事を考えながら、「百夏《ももか》」と名付けた。夏のある日、満月の日に生まれた子だから、「百％の月が見えていた夏の日」生まれということで百に夏で「ももか」である。我ながらなかなかのセンスだと悦に入った。

娘が生まれたことで、「人生が余った」という感覚は完全になくなった。逆に、今までの怠けたつけが来て、人生が、時間が足りないという焦りすらある。とりあえず、この子が成人するまでは、なんとか飯を食わせないと駄目だ。それだけである。

謎の見せ本の正体

娘が生まれた時、妻と「将来、どんな大人になるのかな〜……」などと、世間様並みの、幸せ夫婦の会話をしていると、「習い事とかも考えないと！　何を習わす？」と聞かれたものだから、「簿記」と答えたら怒られた。

夢がなさ過ぎるというのである。僕は、それこそ簿記とか、パソコンとかそういうものを習わせた方が、結果夢も広がるんじゃないかと思っているのだが、妻に言わせれば、それは夢ではなく「ユーキャン」だということだった。

フィギュアスケートもやらなくていいし、アメリカンスクールに入らなくてもよい。ブログで逐一成長する様を報告するつもりもない。そもそもママタレと呼ばれる人間がブログで披露することだけが素敵な子育てでもあるまい。

こんな言い方は、妻には悪くて気が引けるが、今や、娘は僕にとって、唯一血のつながった家族である。実際の自分の両親とは、娘のおかげで喋《しゃべ》るようにはなったものの、親父と酒を酌み交わし、彼が初任給で買った腕時計を譲られるなんて展開はおそらくないであろう。

もし娘がある日、引きこもると言いだしたら、そんな日が来ないことを祈るが、別にそうなっても構わない。よっぽど、そう僕ほどのバカでなければ、道はいくらでもある。今だから言えるが、この僕にも、それはあったのだから。最悪でも髭男爵《ひげだんしゃく》にはなれる。それが良いか悪いかは知らないが。僕は「悪い」と思っているが。

最近、絵本を集めようと思っている。

娘が字を読めるようになった時、良い絵本を読ませたい。押しつけじゃなく、自然に手にとるように配置しておきたい。

その時、思い当たった。僕が子供の頃実家にあった例の「謎の見せ本」のことである。

あの本はおそらく、僕の兄が生まれる前、父が調えたものではなかったか。

それこそ何も言わず、ただ家の中に配置し、自分から手に取って読めばいいなと。名だたる古典作品に幼少期から触れさせてやりたいなと。

兄はスルーしたようだったが、僕は手に取った。読んだ。結果、こんなコスプレキャラ芸人になってはいるが、それでも読んだ。だったら成功ではないか。

そして今、僕は自分の娘のために、絵本を集めようとしている。あんまり堅くならないよう、僕の好きなマンガの中から適したものも配置しておこう。

しかし、これだけ疎遠になっていても親子とは似るものである。

今こそ、真意を確かめてもいいだろうと思い、僕は父に電話してみた。お昼の十二時くらいだった。

何度か呼び出し音が鳴った後、父が出た。

「もしもし、俺やけども……」

「なんや⁉」

特に久しぶりの感じも出さない。相変わらずである。

しばらく嫌みを聞いた後、切り出した。

「あの家にあった本……赤いヤツ。あれなんで家にあったん？」

「赤いヤツ？　なんやそれ？」

「いや、だから、『罪と罰』とかなんかいっぱいあったやん？　あれ何やったん？」

「……あー、あれか！　あれゴミやゴミ！　お前のランドセルを拾った時、一緒にゴミ置き場に捨ててあったたん、綺麗《きれい》やから拾っておいてたんや！」

「…………」

その後も、二言三言話してから電話を切ったはずなのだが、不思議と内容は覚えていない。

出所がどこであろうと、僕は読んだ。結果芸人になったけど、読んだは読んだ。それで良い。ランドセルは兄のものですらなかったが、誰かの「お下がり」には違いない。

あとがき

もう、四十歳。

これまでの自分の人生を振り返ってみると、これはもう明らかに、弁解の余地なく、「失敗」している。

「中学受験に合格」→「ウンコを漏らす」→「引きこもり開始」→「苦し紛れの高校受験にも失敗」→「結果、二十歳まで六年間引きこもる」→「大検取得」→「大学合格」→「二年ともたず失踪《しっそう》」→「上京」→「芸人として、下積み生活」→「借金で首回らなくなる」→「債務整理」→「やっとこさ一回売れる‼」……そして、「今」である。

こんなに嫌なマスが多いスゴロクも珍しい。

いや「サイコロ」の方がおかしいのか。

出目に偏りがあり過ぎる。

ここ数年に至っては、サイコロ自体紛失し、「一発屋」というマス目から一向に、次へ進めない有様《ありさま》である。

それでも、粛々と生きていくしかない。

別に絶望に打ちひしがれているというわけでもない。

「そんな人生だな……」と言うだけである。

お笑い芸人なんて仕事をしているのに、これは致命傷だが、そもそも人間が苦手だ。

人間関係の一番の基本と言えば「親子」だろうが、そもそもそこからして失敗している。

例えば、この二十年の間で考えても、両親と顔を合わせたのは二回くらい。

なので、

「この間、お正月に実家に帰ったら親父がさー……」とか、

「今、おふくろが泊まりに来てて、相手しないと駄目だから面倒くさいわー……」とか、そういう「普通」が僕にはない。

男ばかりの、三人兄弟の真ん中、次男である。

兄弟に至っては、この二十年で一度も会っていない。

こう書くと、よほどの事件、揉《も》め事でもあったのか……と勘繰られても仕方がないが、そういうわけでもない。そういうわけでもないのに、疎遠なのがより異常事態なのだが。

自分でもなぜそんな風になってしまったのか分からない。

これまた「そんな家族」だというだけである。

先日、仕事で一週間ほど家を空けている間に、妻が娘を連れて、僕の実家に行ってきた。

彼女なりにウチの家族を心配してくれたようで、僕には黙って、母と連絡を取り合っていたらしい。

撮ってきた写真を見せられたが、父も母も、初孫である娘にデレデレで、少しは親孝行できたかなと、勝手に思っている。それにしても子供のパワーは偉大だ。あれだけ色々と確執があった、と言うかそれしかなかった両親に、シラーと、何の照れもなく、ジイジとバアバを演じさせてしまうのだから。

そんな娘が成長し、物心がつく前に、やっておくべきことがある。

それは、我が家にある「髭男爵《ひげ》」の痕跡《こんせき》を完璧に消し去ること。将来、娘が学校で、「お前の親、売れない芸人だってなー？」「アハハ、ルネッサーンス!!」などといじめられやしないかと心配なのである。

娘には自分の仕事を、「変則的に働くサラリーマン」で通すつもりである。どんなに帰りが不規則だったり、平日休みで家に居たりしても、すべて「フレックス」で片づけようと心に決めている。

なので、今は普通に家に転がっている、シルクハットや、ＤＶＤ、その他諸々、娘の目の届かないところに収納する予定である。

それでも怖いのが遺伝。

ある日、「ガサ入れのDNA」を引き継いだ我が娘が、かつての僕のように興味本位で父の部屋に忍び込む。

そこでいろいろ物色していると、押し入れの奥のシルクハットを見つける。日本のお父さんで、シルクハットを愛用している人間はそう多くはない。普通のお父さんにはシルクハットなど必要ないのだ。せいぜい、「マジシャン」の方くらいのものではなかろうか。

娘に「なんでこんな帽子があるの?」と訊《き》かれ、「パパはマジシャンなんだよ」と誤魔化すのは簡単だ。「髭男爵」よりもきこえは良い。子供達にも人気が出そうだ。娘の友達の誕生会で、手品を披露してくれとオファーを受けるかもしれない。

しかし、そうなると、結構しんどいことになる。実際の僕はマジシャンではない。マジシャンぶろうとするなら、ある程度は手品を身に付けねばなるまい。その時、僕は五十歳くらいだろうか。今から練習して間に合うものだろうか。この年になってから、シルクハットから鳩を鮮やかに出すだけの、テクニックを果たして習得できるだろうか。四十歳で通いだすマジックスクール。周りは若い子ばっかりだ。バカにされないだろうか……心配は尽きない。

この度はこんなみっともない人間の半生を、大それたことにも本にする機会をいただいて感謝なのだが、どうにも複雑なのである。

二〇一五年　夏

文庫版あとがき

拙著、『ヒキコモリ漂流記』が刊行されて早3年。

有難いことに、これが瞬く間にベストセラーとなり、それをキッカケに、本業のお笑いの方でも再ブレイク……などという事実は全くない。

当時、筆者の頭をチラリと過《よぎ》った、妄想ストーリーである。

現実には、〝売れない芸人が本を出した〟というだけ。

とはいえ、それなりに反響もあり、仕事の面でも多少の変化があった。

一つは、文章を書く仕事をするようになったこと。

どの業界でも同じだが、出版界にも奇特な人間が少なからずいるようで、

「あれ？　コイツ、まあまあ書けるんだ⁉」

とでも思って頂けたのか、ネット媒体や雑誌、新聞での連載オファーが幾つか舞い込んだ。

その中には、かつて、産地偽装ポエム、『ぼくのランドセル』でお世話になった、あの地元新聞の名前も。

かくして、30年ぶりに筆者の駄文が掲載され、〝故郷に錦〟ならぬ、〝故郷にコラ

ム〟を飾ることになる。

人生とは、数奇なものである。

更に今年に入ると、そんな〝作家ごっこ〟の一つ、とある雑誌での連載が、『編集者が選ぶ　雑誌ジャーナリズム賞　作品賞』に輝いた。

自ら〝輝いた〟などと書くのはみっともないが、この賞、文字通り大手出版社の編集者113人の投票により決まるもの。

「物書きのプロ達に認められた！」

と、素直に嬉《うれ》しかったのである。

四十を越えて貰《もら》う表彰状はまた格別……ご容赦願いたい。

受賞に加え、すぐさま書籍化されたという話題も重なり、しがない〝一発屋〟にしては珍しく、取材される機会が増えた。

つい先日も、記者の方相手に、件《くだん》の連載を纏《まと》めた著書、『一発屋芸人列伝』について、大いに語らせて頂いたばかりである。

その席でのこと。

インタビュアーの関心は、『一発屋――』の内容のみならず、仕事、趣味、子育てと多岐に渡り、いつしか前作である『ヒキコモリ――』にも及んだ。

「何故、引きこもったのか？」、「その間、どんな心境だったか？」……訊《き》かれるままに、14歳から20歳までの我が隠遁《いんとん》生活、その顚末《てんまつ》を喋《しゃべ》る。

実は、『ヒキコモリ――』の出版以降、〝引きこもり問題〟（と世間が呼ぶもの）について、意見を求められることが増えていた。

これも変化の一つである。

専門家でもないのに、意見など偉そうで気が引けるのだが、自ら過去の体験を恥ずかしげもなく披露し、本にまでしたのだ。

今更である。

自分で蒔《ま》いた種……というのも妙な物言いだが、そういう義務もあるのかもしれぬと、腹を括《くく》って全てお受けしている。

いくつも取材を受けるうちに、僕はあることに気が付いた。

引きこもり関連のインタビューには、お決まりのパターンがあり、特に場を締めくくる際、それが色濃く表れるということである。

もはや、ある種のテンプレート……〝呑《の》んだ後の〆《しめ》のラーメン〟、〝漫才の「もうえぇわ！」〟と同じ。

実際、その日もご多分に漏れず。

取材もそろそろ終わりという頃合いで、馴染みのある問い掛けが、記者の口から飛び出した。

「でも、その6年間があったから、今の山田さんがあるんですよね？」

これまで幾度となく耳にしてきた台詞《セリフ》である。

慣れ親しんでいるのは先方も同じようで、その口振りは、〝質問〟というより〝確認〟に近かった。

……これが苦手である。

そもそも、僕が売れっ子のスターならまだしも、〝一発屋〟などと揶揄《やゆ》されている現状を考えれば、〝今の山田さん〟などと持ち上げられても複雑な心境になるのは否めない。しかし、問題はそこではない。

要約すれば、

「全ての時間があなたの糧《かて》となったんですよね？」

ということであろう、その考え方である。

実際、引きこもりの話をする際、美談テイストの着地を好む記者の方は多い。

僕の経験上、十中八九そうである。

いやいや、此方《こちら》もタレント。

一発屋とは言え、芸能人の端くれである。

「そうですね！」

と瞳を輝かせ、

「あの時の経験が、今の自分の役に立ってます!!」

とでも返しておけば無難なのは百も承知。

しかし、思ってもいないことを口にするのは寝覚めが悪い。

失ったのは、十代の多感な時期の6年間。

そこで得られる経験値は、質・量ともに膨大である。

大人に置き換えれば、〝懲役2、30年を勤め上げ、ようやく娑婆《シャバ》に出て来た〟といったところか。

僕自身、

「取り返しがつかないことが多すぎる……」

との後悔の念が強いのだ。

なので僕は、いつもこう答える。

「いや、あの6年は完全に無駄でしたねー……」

勿論《もちろん》、あくまで〝自分に限って言えば〟と前置きした上でだが……不評である。

記者の方は、途端に冷や水を浴びせられたような表情となり、

家に閉じこもっているより、外に出て、友達と遊んだり、勉強や部活に励んだりし
方が、充実してたでしょうし、楽しかったでしょうねー」

と続ける頃には、

「えー……」

と戸惑い黙りこくる。

中には、

「そんな風にしか思えないなんて、かわいそーな人……」

と、口には出さぬが、憐《あわれ》みの眼差しを向けてくるものや、

「いや、そんなことないと思いますよ⁉」

と何故か憤り、ムキになるものも。

もはや、僕の人生を肯定したいというより、自分の価値観を否定されたくない……

そんな風に思えて仕方がない。

どうも、世間の大部分にとって、人生に〝無駄〟があっては拙《マズ》いらしい。

何しろ、本人が、無駄だった、失敗だったと断じていることでさえ、

「そんなことはない！」

「それを糧に成長すればいい！」

と、なにがなんでも意味を与えようとするのだ。

まるで、〝意味の松葉杖《まつばづえ》〟無しでは歩けない怪我《けが》人である。

そんな〝無駄を許せない空気感〟こそが、人々を追い詰めているのではないだろうか。

大体、皆が、キラキラした人生を送れるわけではないし、そんな必要も義務もない。

全員が何かを成し遂げ、輝かしいゴールを切ることなど不可能である。

「人生では、自分が主人公だ！」

確かにそうだが、ハリウッドの超大作映画と大学生の自主製作映画では、同じ主演でもギャラは随分違うだろう。

「ナンバーワンでなくても良い。オンリーワンであれ！」

素晴らしい。

しかし反面、

「オンリーワン……結局、何かしら特別でないと駄目なのか……」

と恐ろしくもなる。

殆《ほとん》どの人間は、ナンバーワンでも、オンリーワンでもない。

本当は、何も取柄《とりえ》が無い人間だっている。

無駄や失敗に塗《まみ》れた日々を過ごす人間も少なくない。

そんな人間が、ただ生きていても、責められることがない社会……それこそが正常だと僕は思うのだ。

只今《ただいま》、43歳。

これまでの人生は汚点だらけ。

現在も、上手くいかないこと、面倒臭いこと、しんどいことばかりで、本業のお笑いもパッとしない、〝一発屋〟である。

しかし、家族も持てたし、楽しいことも時折はある。

だから、僕は大丈夫だ。

2018年　夏

山田ルイ53世

本書は、二〇一五年八月にマガジンハウスより刊行された『ヒキコモリ漂流記』に加筆・訂正し、改題のうえ文庫化したものです。

ヒキコモリ漂流《ひょうりゅう》記《き》 完全版《かんぜんばん》

山田《やまだ》ルイ53世《せい》

平成30年 8月25日　初版発行

発行者●郡司 聡

発行●株式会社KADOKAWA
〒102-8177　東京都千代田区富士見2-13-3
電話 0570-002-301（ナビダイヤル）

角川文庫 21094

印刷所●旭印刷株式会社　製本所●株式会社ビルディング・ブックセンター

表紙画●和田三造

ISBN978-4-04-106237-1　C0195

角川文庫発刊に際して

角川源義

第二次世界大戦の敗北は、軍事力の敗北であった以上に、私たちの若い文化力の敗退であった。私たちの文化が戦争に対して如何に無力であり、単なるあだ花に過ぎなかったかを、私たちは身を以て体験し痛感した。西洋近代文化の摂取にとって、明治以後八十年の歳月は決して短かすぎたとは言えない。にもかかわらず、近代文化の伝統を確立し、自由な批判と柔軟な良識に富む文化層として自らを形成することに私たちは失敗して来た。そしてこれは、各層への文化の普及滲透を任務とする出版人の責任でもあった。

一九四五年以来、私たちは再び振出しに戻り、第一歩から踏み出すことを余儀なくされた。これは大きな不幸ではあるが、反面、これまでの混沌・未熟・歪曲の中にあった我が国の文化に秩序と確たる基礎を齎らすためには絶好の機会でもある。角川書店は、このような祖国の文化的危機にあたり、微力をも顧みず再建の礎石たるべき抱負と決意とをもって出発したが、ここに創立以来の念願を果すべく角川文庫を発刊する。これまで刊行されたあらゆる全集叢書文庫類の長所と短所とを検討し、古今東西の不朽の典籍を、良心的編集のもとに、廉価に、そして書架にふさわしい美本として、多くのひとびとに提供しようとする。しかし私たちは徒らに百科全書的な知識のジレッタントを作ることを目的とせず、あくまで祖国の文化に秩序と再建への道を示し、この文庫を角川書店の栄ある事業として、今後永久に継続発展せしめ、学芸と教養との殿堂として大成せんことを期したい。多くの読書子の愛情ある忠言と支持とによって、この希望と抱負とを完遂せしめられんことを願う。

一九四九年五月三日

角川文庫ベストセラー

生きていてよかった　相田みつを

「誰のものでもない自分の言葉を、書という形式をかりて表現する」それが相田みつをの仕事だった。裸の自分を語りつづけた作品集。生きていくうえで様々な壁にぶつかり悩むとき、力づけてくれる言葉の数々。

いのちのバトン　相田みつを
初めて出会う相田みつをのことば　立原えりか

「過去無量の　いのちのバトンを受けついで　いまここに　自分の番を生きている──」簡潔で力強い相田みつをの言葉に、童話作家・立原えりかの物語をそえた、相田作品の入門書。

相田みつを　ザ・ベスト

いちずに一本道　いちずに一ツ事　相田みつを

日本刺繍の職人の家に三男として生まれた光男。戦争で亡くなった二人の兄、実直な父、兄たちのことをいつも思っていた母。やんちゃな三男坊は人生の真理を綴る書家になった──生涯がわかる決定版。

人として軸がブレている　大槻ケンヂ

「人として軸がブレている」と自ら胸をはって大きな声で公言する、オーケンならではの眼差しから紡がれる珠玉の爆笑のほほんエッセイ48＋1編！人として軸がブレている。でもいいんじゃん？

いつか春の日のどっかの町へ　大槻ケンヂ

一進一退の四十の手習いが胸を打つ。楽器など手にしたことのなかった男が、ギター弾き語りの練習を始め、ついには単独ライブに挑戦。どこからでもいつからでも人は挑戦できる、オーケンの奮闘私小説。

角川文庫ベストセラー

大泉エッセイ
僕が綴った16年

大泉　洋

大泉洋が1997年から綴った18年分の大人気エッセイ集（本書で2年分を追記）。文庫版では大量書き下ろし（結婚&家族について語る！）。あだち充との対談も収録。大泉節全開、笑って泣ける1冊。

猟師になりたい！

北尾トロ

中年になってから長野県松本に移住した著者が突然猟師になることを決意した！　狩猟免許は？　銃砲所持許可は？　一からスタートの戸惑い、初めての銃、家族の反応……猟師1年目の日々を気負わず綴ったレポ。

猟師になりたい！2
山の近くで愉快にくらす

北尾トロ

猟師2年目。後輩が出来た、狩猟サミットに参加した、ついに自力で獲物が……!?　そして、1羽も獲れない日だって面白い。猟をしながら出会った人たちが、眠っていた何かを目覚めさせてくれたのだと思う。

ああ息子

西原理恵子
＋母さんズ

耳を疑うような爆笑エピソードの数々。でもみんな、本当にあった息子の話なんです――!!　息子の「あちゃちゃ」なエピソードに共感の声続々！　育児中のママ必携の、愛溢れる涙と笑いのコミックエッセイ。

ああ娘

西原理恵子
＋父さん母さんズ

ほっこりすること、愛らしいこと――娘をもつ親ならきっとみんな〝あるある！〟と頷いてしまうこと間違いなしの、笑いと涙の育児コミックエッセイ。息子とは違う「女」としての生態が赤裸々に！

角川文庫ベストセラー

霊道紀行
辛酸なめ子

守護霊、ポルターガイスト、生き霊、憑依、ドッペルゲンガー……来るべくアセンション（次元上昇）に向けて、著者自らが数々の心霊スポットを訪ね歩き修業をした体当たりエッセイ！　スピリチュアル入門の書。

天使に幸せになる方法を聞いてみました
辛酸なめ子

外界に惑わされずに内なる霊格を高めたい。そう願う著者が様々なスピリチュアル修行にチャレンジ。隠れた聖地を巡る著者に天使が語りかけたのは？　真の幸せを求める全ての人に贈る『霊的探訪』改題文庫化！

生きるのも死ぬのもイヤなきみへ
中島義道

「生きていたくもないが、死にたくもない」そう、あなたの心の嘆きは正しい。そのイヤな思いをごまかさず大切にして生きるほかはない。孤独と不安を生きる私たちに、一筋の勇気を与えてくれる哲学対話。

うるさい日本の私
中島義道

家を一歩出れば、町に溢れる案内、注意。意味も効果も考えず、「みんなのため」と流されるお節介放送の暴力性に、哲学者は論で闘いを挑む。各企業はどう対処したのか。自己反省も掲載した名エッセイ！

醜い日本の私
中島義道

電線がとぐろを巻き、街ではスピーカーがなりたてる。美に敏感なはずの国民が、なぜ街中の醜さに鈍感なのか？　日本の美徳の裏に潜むグロテスクな感情、押し付けがましい「優しさ」に断固として立ち向かう。

角川文庫ベストセラー

タイムマシンで戻りたい
日本うんこ学会

「大腸がん検診率向上」を目指すまじめな団体、日本うんこ学会が贈る「うんもれエピソード」傑作選。他人にはなかなか言えない話だから、読めば「僕だけじゃないんだ！」と勇気が湧いてくる！

13歳からの反社会学
パオロ・マッツァリーノ

常識のウソをぶっとばせ！　世の中の社会や情報を見るためのヒントを、くだらない（とされる）こともマジメに考える「反社会学」で学ぶ特別講義。表も裏も、裏の裏まで……世界の見方、教えます!!

人生を歩け！
町田　康
いしいしんじ

ともに大阪出身の人気作家が、上京後に暮らした町を歩きながら、縦横無尽に語りあう。話は脇道に逸れ、さまざま道草食いつつも、いつしか深いところへ降りていく――ファン待望の対談集！

家系図カッター
増田セバスチャン

4歳まで難聴を気づかれないほどの崩壊家庭。大人を欺き世の中を冷めた目で見ていた増田少年がつかんだ小さな光。現在はカワイイ文化の発信者として世界的活躍を続ける著者が、破滅的半生を赤裸々に明かす！

おかあさんとあたし。
k．m．p．

おかあさんに「くつが反対」と直されたり、冷蔵庫にシール貼ったり、ほめて欲しくて階段からジャンプしたり……忘れてるようで、ふっと思い出す。おかあさんとセットになった記憶。

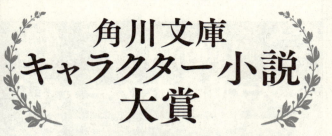